Dieta sana contra el colesterol

Dieta sana contra el colesterol

Juliette Kellow • Recetas de Sara Lewis

Grijalbo

ADVERTENCIAS

Las personas alérgicas a los frutos secos no deben ingerir platos que contengan este grupo de alimentos o sus derivados, y aquellas que puedan tener problemas con el huevo crudo o poco hecho deben evitarlo.

Cuando en la receta se menciona una cantidad específica, en la información nutricional la cantidad de sal que aparece hace referencia únicamente a la sal añadida.

En cada receta aparece el análisis nutricional de una ración.

Este libro no pretende reemplazar los cuidados recibidos bajo la supervisión de un médico. Antes de introducir cualquier cambio en su plan de salud, hable con el especialista. Consideramos que tanto los consejos como la información son precisos y acertados en el momento de su impresión, pero ni la autora ni el editor aceptan ninguna responsabilidad legal o de otro tipo a causa de cualquier error u omisión que pudiera darse.

Debe precalentar el horno a la temperatura indicada. Si utiliza un horno que disponga de ventilador, siga las instrucciones del fabricante para ajustar el tiempo y la temperatura. El grill también debe precalentarse.

Título original: *Cholesterol*

Publicado por primera vez en 2008 en Reino Unido por Hamlyn, una división de Octopus Publishing Group Limited.

Coordinación editorial: Bettina Meyer
Maquetación: Fotocomposición 2000, S.L.

ISBN: 978-84-253-4190-8

Impreso y encuadernado en China

GR 4 1 9 0 8

sumario

INTRODUCCIÓN

RECETAS

introducción

Las enfermedades cardiovasculares y la alimentación

Para tener un corazón sano ya no es necesario alimentarse con platos aburridos e insípidos ni eliminar por completo la grasa de nuestra dieta.

Los expertos en dietética aconsejan comer una mayor cantidad de determinados alimentos, tales como el salmón, el aguacate, el aceite de oliva, los cereales integrales y las frutas y verduras en general, para reducir el riesgo de sufrir problemas cardíacos.

Sin duda esto es una buena noticia, ya que las últimas estadísticas y estudios diversos indican que las enfermedades cardiovasculares —es decir, todas las enfermedades del corazón y del sistema circulatorio— siguen siendo la principal causa de mortalidad en el mundo occidental. Según datos del Instituto Nacional de Estadística, en España aproximadamente

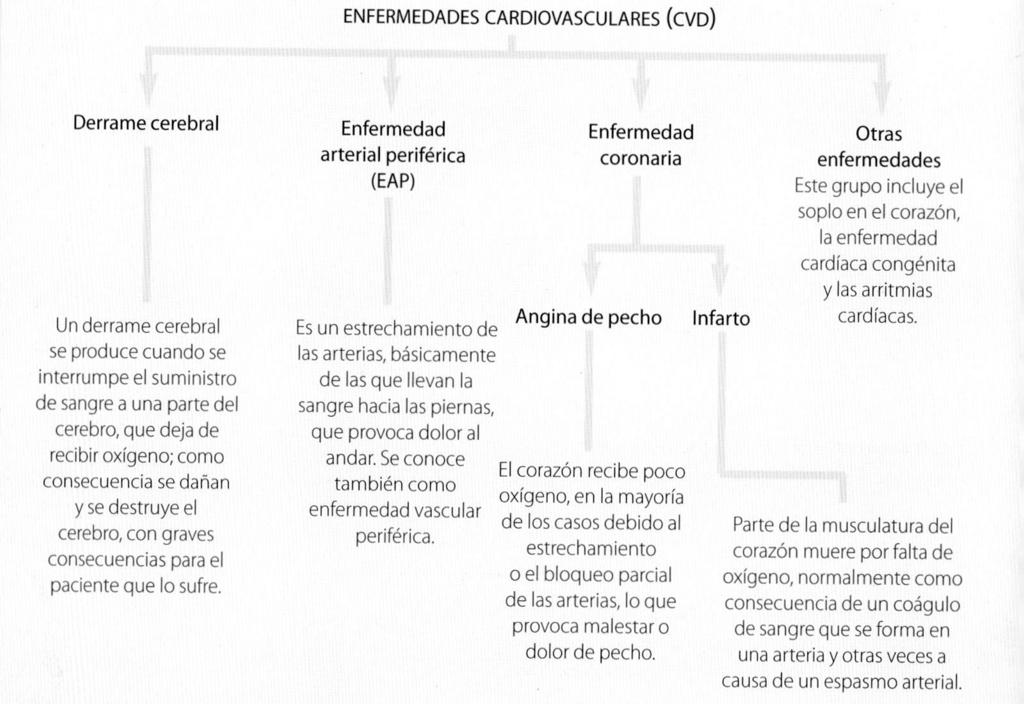

ENFERMEDADES CARDIOVASCULARES (CVD)

Derrame cerebral

Un derrame cerebral se produce cuando se interrumpe el suministro de sangre a una parte del cerebro, que deja de recibir oxígeno; como consecuencia se dañan y se destruye el cerebro, con graves consecuencias para el paciente que lo sufre.

Enfermedad arterial periférica (EAP)

Es un estrechamiento de las arterias, básicamente de las que llevan la sangre hacia las piernas, que provoca dolor al andar. Se conoce también como enfermedad vascular periférica.

Enfermedad coronaria

Angina de pecho

El corazón recibe poco oxígeno, en la mayoría de los casos debido al estrechamiento o el bloqueo parcial de las arterias, lo que provoca malestar o dolor de pecho.

Infarto

Parte de la musculatura del corazón muere por falta de oxígeno, normalmente como consecuencia de un coágulo de sangre que se forma en una arteria y otras veces a causa de un espasmo arterial.

Otras enfermedades

Este grupo incluye el soplo en el corazón, la enfermedad cardíaca congénita y las arritmias cardíacas.

el 35 % de los habitantes mueren por ese tipo de dolencias, la mayoría por enfermedades coronarias (CHD), entre las que se incluyen los ataques al corazón, las anginas de pecho o los derrames cerebrales. Según la Organización Mundial de la Salud (OMS), las enfermedades cardiovasculares son responsables del 30 % de la mortalidad en todo el mundo, una vez más a causa sobre todo de las enfermedades coronarias y los derrames cerebrales.

Los cuatro factores de riesgo principales para sufrir CHD son el consumo de tabaco, el colesterol sanguíneo elevado, la presión sanguínea alta y la vida sedentaria. Además el sobrepeso, la diabetes no controlada y beber alcohol en exceso aumentan el riesgo. Por regla general, cuantos más factores de riesgo, mayor posibilidad de desarrollar una enfermedad coronaria. Afortunadamente, podemos evitarlo modificando nuestro estilo de vida.

El colesterol y la salud

Una de las cosas más importantes que podemos hacer para reducir el riesgo de sufrir una enfermedad coronaria es mantener nuestro colesterol sanguíneo dentro de los niveles saludables. Según la Organización Mundial de la Salud, el colesterol sanguíneo elevado es una de las diez causas principales de mortalidad en el mundo.

Resulta preocupante porque los últimos datos muestran que dos terceras partes —el 66 %— de los adultos del Reino Unido sobrepasan la cantidad máxima recomendada de colesterol. Además, por regla general, cuando nos hacemos mayores, aumenta la probabilidad que tengamos el colesterol total alto. Por ejemplo, el 26 % de los varones de entre 16 y 24 años tienen el colesterol total elevado, mientras que entre los 45 y los 54 años esta cifra aumenta hasta el 81 %.

También es errónea la idea de que tan solo los hombres tienen niveles anormales de colesterol. En el Reino Unido hay la misma cantidad de hombres que de mujeres con el colesterol total alto. De hecho, entre las personas de 16 a 24 años y entre los mayores de 55 hay más mujeres que hombres con dicho problema.

Lo bueno es que, si has cogido este libro, ya has dado el primer paso para intentar controlar o reducir el nivel de colesterol sanguíneo: con ello contribuirás a disminuir el riesgo de sufrir un infarto o una angina de pecho.

FACTORES DE RIESGO DE LAS ENFERMEDADES CORONARIAS

Cosas que puedes modificar:

- Tabaco
- Colesterol sanguíneo alto
- Nivel alto de triglicéridos
- Presión sanguínea alta
- Falta de ejercicio físico
- Sobrepeso u obesidad
- Exceso de alcohol
- Falta de control de la diabetes
- Estrés excesivo

Cosas que no puedes cambiar:

- Historial familiar de enfermedades coronarias
- Edad avanzada
- Ser varón

¿Qué es el colesterol?

Es posible que oigas hablar a tu médico de los lípidos sanguíneos. Dicho término hace referencia a todas las sustancias grasas que se encuentran en la sangre, como el colesterol LDL, el colesterol HDL y los triglicéridos.

El colesterol se encuentra en grandes cantidades en algunos alimentos, pero la mayor parte del colesterol que circula por nuestra sangre se forma en el hígado a partir de las grasas saturadas.

El colesterol es una materia grasa y cerosa, una parte esencial de las membranas de todas las células y el componente básico de muchas hormonas esteroides importantes, como la testosterona y la progesterona. El cuerpo lo usa asimismo para producir vitamina D y ácidos bílicos (éstos últimos ayudan a digerir la grasa). Pero si se produce demasiado colesterol, este circula por la sangre y aumenta el riesgo de sufrir una enfermedad coronaria.

El medio de transporte del colesterol

El colesterol utiliza la sangre como medio de transporte y viaja por las arterias en unos vehículos formados por proteínas. Estas combinaciones de colesterol y proteínas se llaman lipoproteínas. Existen dos tipos principales de lipoproteínas: las lipoproteínas de baja densidad (LDL) y las lipoproteínas de alta densidad (HDL).

Colesterol LDL o «malo»

La lipoproteína de baja densidad transporta el colesterol desde el hígado hasta las células y los tejidos que lo necesitan. No obstante, si en la superficie uniforme de la arteria hay algún desperfecto, la LDL puede perder parte del colesterol por el camino. El colesterol depositado en las arterias atrae otras sustancias presentes en la sangre, tales como células muertas, tejidos fibrosos, proteínas y calcio. Todas estas sustancias al unirse forman unas placas grasas llamadas ateromas. Con el tiempo dichas placas atascan las arterias haciendo que se vuelvan más estrechas y duras: este proceso se denomina aterosclerosis.

Así pues, un nivel alto de colesterol LDL aumenta el riesgo de padecer CHD. Por eso se conoce también como colesterol «malo».

Colesterol HDL o «bueno»

Las lipoproteínas de alta densidad transportan el colesterol sobrante de los tejidos y las arterias al hígado, donde el cuerpo lo elimina. Un nivel alto de colesterol HDL nos protege de las enfermedades cardíacas, por eso este recibe el nombre de colesterol «bueno».

Atasco de colesterol

El colesterol utiliza la sangre como medio de transporte, de modo que cuando las cosas van mal los efectos los sufren nuestras arterias; ello a su vez influye en lo que ocurre en el lugar de destino: el corazón.

Cuando las arterias se estrechan es como si una carretera se redujera de dos carriles a uno solo. Por un camino estrecho puede circular menos sangre que por uno ancho, así que ésta tarda más en llegar a su destino.

La sangre transporta nutrientes y oxígeno a nuestros órganos, entre ellos el corazón. Si se limita el flujo algunos órganos no recibirán el oxígeno que precisan para funcionar correctamente, una afección que se conoce como isquemia. El problema aumenta cuando nuestros órganos necesitan más oxígeno: mientras realizamos ejercicio físico, cuando estamos estresados o cuando tenemos mucho calor. Entonces la sangre debe viajar más rápido para suministrar el oxígeno a los órganos.

Si las arterias coronarias —los pequeños vasos que llevan la sangre hasta el corazón— se estrechan, el corazón puede verse privado de oxígeno. Ello puede provocar una angina de pecho, que se caracteriza por la dificultad para respirar y un dolor parecido a un calambre en el pecho; las anginas de pecho suelen producirse sobre todo mientras se realiza ejercicio físico. El dolor suelen acostumbra a desaparecer con el descanso, pero indica que el corazón no está recibiendo todo el oxígeno que necesita.

Si las placas grasas de las arterias se revientan puede formarse un coágulo de sangre. Si sucede en una arteria coronaria que se ha estrechado, el coágulo puede bloquear toda la arteria, lo cual impide que la sangre llegue al corazón. Cuando esto ocurre el corazón no recibe nada de oxígeno; el resultado es un infarto.

LOS TRIGLICÉRIDOS

Los triglicéridos son otro tipo de grasas que transporta la sangre. Se encuentran en alimentos como la carne, los productos lácteos y los aceites para cocinar. Después de comer, los triglicéridos presentes en los alimentos viajan por la sangre hasta los tejidos en los que o bien se utilizan para producir energía, o bien se almacenan en forma de grasa. El hígado, por su parte, se encarga de transformar cualquier exceso de calorías en triglicéridos, que luego el cuerpo almacena en forma de grasa.

Si tenemos un nivel elevado de triglicéridos, el riesgo de sufrir una enfermedad coronaria o un derrame cerebral aumenta, especialmente si además tenemos el colesterol LDL alto y el colesterol HDL bajo. Si el nivel de triglicéridos es elevado, el colesterol LDL se vuelve más «peligroso» para las paredes de las arterias, y acelera el proceso de aterosclerosis.

El sobrepeso, la diabetes mal controlada, el exceso de grasa y azúcar, el consumo excesivo de alcohol y la falta de ejercicio físico pueden contribuir a que aumente el nivel de triglicéridos. Lo bueno es que si optas por una dieta sana para reducir el colesterol, ésta también ayudará a reducir los triglicéridos.

Niveles recomendados de colesterol

Actualmente en los países desarrollados el promedio de colesterol total es de 5,5 mmol/l en el caso de los hombres y de 5,6 mmol/l en el caso de las mujeres, valores que están por encima del nivel recomendado de colesterol total.

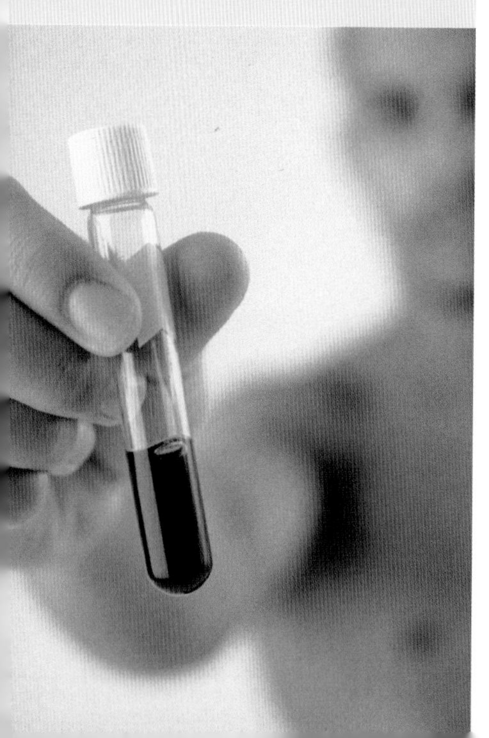

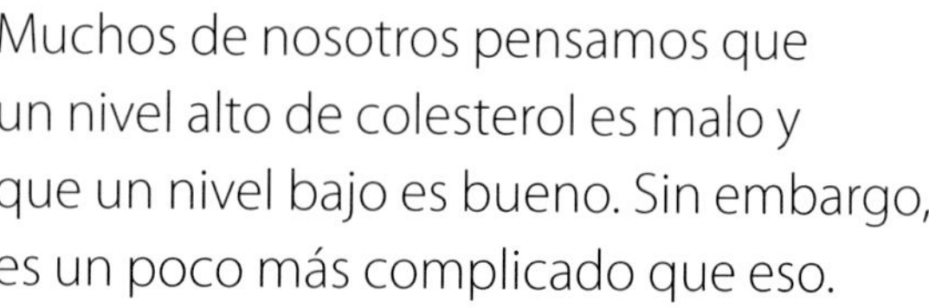

Muchos de nosotros pensamos que un nivel alto de colesterol es malo y que un nivel bajo es bueno. Sin embargo, es un poco más complicado que eso.

Tener el colesterol LDL elevado es sin duda un factor que aumenta el riesgo de contraer enfermedades coronarias. Sin embargo, el colesterol HDL alto contribuye a protegernos de dichas enfermedades. Así pues, es más acertado hablar de niveles de colesterol «anormales» que de «altos».

Los niveles saguíneos de triglicéridos y colesterol pueden medirse a la vez con un sencillo análisis de sangre. La mayoría de los médicos examinan todos los lípidos sanguíneos, entre los que se encuentran el colesterol total, el colesterol LDL, el colesterol HDL y los triglicéridos, para conocer con claridad el riesgo potencial. El nivel de triglicéridos oscila después de comer, por lo que no se debe comer ni beber desde 12 horas antes de hacerse el análisis.

En general los lípidos se miden en milimoles por litro de sangre (mmol/l). Esta unidad expresa la concentración de colesterol en cada litro de sangre. En otros países, no obstante, los médicos calculan el peso del colesterol en cada 100 ml de sangre, y expresan la cantidad en miligramos por decilitro (mg/dl). Los niveles saludables son los siguientes:

- Colesterol total: menos de 5 mmol/l (193 mg/dl)
- Colesterol LDL: menos de 3 mmol/l (116 mg/dl)
- Colesterol HDL: más de 1 mmol/l (39 mg/dl)
- Triglicéridos: menos de 1,7 mmol/l (151 mg/dl)

Los médicos también calculan la proporción de colesterol total en relación con el colesterol HDL dividiendo el colesterol total por el colesterol HDL. Lo ideal es que la cantidad resultante esté por debajo de 4,5: cuanto mayor sea la cifra, mayor será el riesgo de padecer CHD.

Por otro lado, la New Joint British Society sugiere que en determinados casos el colesterol total debería limitarse a 4 mmol/l (154 mg/dl) y el colesterol LDL a menos de 2 mmol/l (77 mg/dl). Estos casos serian los de cualquier persona con:

- Una enfermedad coronaria o un historial clínico familiar con casos de enfermedades coronarias tempranas
- Otras enfermedades del corazón o circulatorias
- La presión sanguínea elevada o diabetes
- Un nivel anormal de lípidos

Causas del colesterol alto

En España, una de cada 500 personas padece una dolencia hereditaria que se llama hipercolesterolemia familiar (HF), la cual provoca unos niveles de colesterol excepcionalmente altos. Es uno de los trastornos genéticos más comunes en los países desarrollados y se debe a la anomalía de un gen. Esto impide que el colesterol LDL presente en la sangre sea eliminado con la eficacia oportuna. Así pues, un adulto que padezca HF puede tener un nivel de colesterol total de hasta 8 o 12 mmol/l, algunas veces incluso mucho más. Por lo tanto, estas personas corren el riesgo de sufrir una enfermedad coronaria a edad temprana que les puede causar la muerte.

Este trastorno, dado que es genético, pasa de padres a hijos. No suele haber demasiados indicios ni síntomas de la enfermedad, de modo que cuando a alguien se le diagnostica dicha dolencia todos los familiares cercanos, niños incluidos, deben hacerse una analítica para medir su nivel de colesterol sanguíneo. En los casos de hipercolesterolemia familiar resulta difícil disminuir el nivel de colesterol solo con una dieta baja en grasas; la mayoría de pacientes deben tomar además una medicación específica.

No obstante, casi siempre el nivel alto de colesterol sanguíneo es consecuencia de una alimentación y un estilo de vida poco saludables. Muchos de los factores de riesgo de las enfermedades coronarias (véase página 9) son también factores que aumentan el riesgo de tener el colesterol sanguíneo alto. En el mundo occidental, la principal causa de este trastorno es una dieta pobre con un exceso de grasa saturada. Por fortuna, esto se puede cambiar fácilmente.

La dieta y el colesterol

Las organizaciones relacionadas con la salud ya no dicen que sea necesario limitar la cantidad de huevos que comemos, a no ser que el médico de cabecera así lo indique.

Si tienes el colesterol total alto, parece lógico pensar que deberías comer menos alimentos ricos en colesterol. Sin embargo, no tiene por qué ser así.

Algunos alimentos, como el hígado, los riñones, las gambas y los huevos, contienen más colesterol que otros. Por eso, antes los consejos dirigidos a las personas con el colesterol elevado hacían hincapié básicamente en limitar el consumo de dichos alimentos. Muchas personas comen huevos con frecuencia y por eso era el primer alimento que se restringía.

En la actualidad se sabe que por regla general el colesterol que contienen los alimentos no afecta demasiado al colesterol sanguíneo. El mayor impacto lo causa la grasa saturada. Comer menos alimentos ricos en grasas saturadas e introducir otros cambios dietéticos ayuda a prevenir y tratar los niveles anormales de colesterol. La Fundación Británica del Corazón (British Herat Foundation) afirma que comer de forma saludable puede disminuir el colesterol entre un 5 y un 10 %. En la mayoría de los casos el objetivo es reducir el colesterol total reduciendo el colesterol LDL, pero también es importante aumentar el colesterol HDL.

Comer para bajar el colesterol

- ☐ Come menos grasas en general
- ☐ Sustituye las grasas saturadas por grasas poliinsaturadas y monoinsaturadas
- ☐ Reduce la cantidad de alimentos que contengan grasas trans
- ☐ Come más pescado
- ☐ Toma cinco piezas de fruta y verdura al día
- ☐ Come más alimentos ricos en fibra
- ☐ No ingieras más de 6 g de sal al día
- ☐ Pierde peso si lo necesitas
- ☐ Bebe alcohol con moderación
- ☐ Haz más ejercicio físico

El consumo de grasas

Para reducir los niveles de colesterol de nuestro cuerpo es importante consumir menos cantidad de grasas.

Para estar sanos necesitamos algo de grasa; además, ésta proporciona las vitaminas solubles en grasa A, D, E y K, y grasas esenciales que el cuerpo no puede producir. La mayor parte de los habitantes del Reino Unido ingieren más grasa de la necesaria, con lo que corren el riesgo de tener el colesterol sanguíneo alto y acabar con exceso de peso.

El Ministerio de Salud del Reino Unido recomienda que no más del 33 % de las calorías provengan de la grasa, y no más de una décima parte provenga de las grasas saturadas. Eso significa que si consumes 2.000 calorías al día, como máximo debes ingerir 74 g de grasa y 22 g de grasas saturadas al día. En Estados Unidos se considera que una alimentación sana es aquella en la que, como mucho el 30 % de calorías provienen de la grasa y, igual que en el Reino Unido, el 10 % de las grasas saturadas.

Cantidades diarias recomendadas

Algunos fabricantes, con el fin de ayudar a la gente a escoger alimentos más sanos cuando compra en tiendas y supermercados, han empezado a incluir en los envases de sus productos una guía con las cantidades diarias recomendadas, es decir, con la cantidad de calorías y nutrientes que un adulto sano necesita. En algunas de las sustancias —por ejemplo, grasa, grasa saturada, azúcares y sal— aparece la cantidad máxima, de modo que no pasa nada si no ingieres tanto como se indica; en otras —por ejemplo la fibra— aparece la cantidad que deberíamos tratar de ingerir. La cantidad de un nutriente que contiene una ración normal se comprara luego con la cantidad diaria recomendada y se expresa en forma de tanto por ciento. La tabla que aparece a la derecha muestra la cantidad diaria recomendada en el caso de ciertos nutrientes, tanto para los hombres como para las mujeres.

CANTIDADES DIARIAS RECOMENDADAS

	Mujeres	Hombres
Calorías	2.000	2.500
Grasas	70 g	95 g
Grasas saturadas	20 g	30 g
Azúcares	90 g	120 g
Fibra	18 g	18 g
Sodio	2,4 g	2,4 g
Sal	6 g	6 g

Datos esenciales sobre las grasas

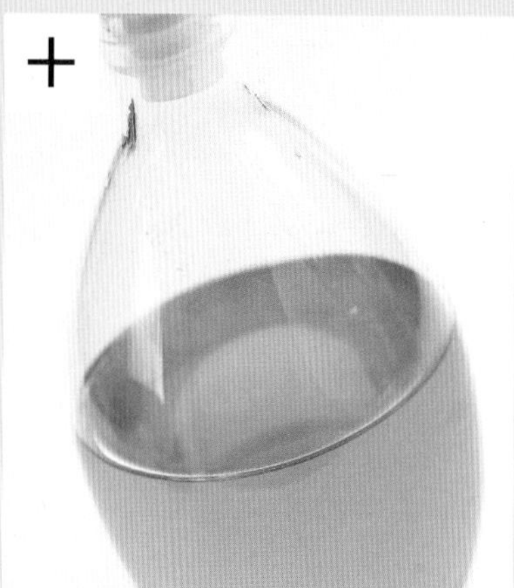

Como evitar las grasas

- ☐ En vez de freír los alimentos, ásalos a la parrilla, o al horno, sin añadir grasa, hiérvelos, cuécelos al vapor, o prepáralos con el microondas.
- ☐ No agregues mantequilla, manteca de cerdo, margarina ni aceite a los alimentos. Si es imprescindible, utiliza aceite de oliva, de colza o de girasol, y solo la cantidad indicada.
- ☐ Compra cortes de carne delgados; desecha la grasa visible de la carne y la piel del pollo.
- ☐ Utiliza muy poca mantequilla y margarina. Ambas contienen la misma cantidad de calorías y de grasa, tan solo contienen menos si son de bajo contenido graso.
- ☐ Evita los productos cárnicos grasos, como las salchichas, hamburguesas, empanadas de carne y otros alimentos hechos con hojaldre.
- ☐ Disminuye la cantidad de alimentos ricos en grasa, como patatas fritas de bolsa, chocolate, pasteles, bollos y galletas.
- ☐ Toma solo leche semidesnatada o desnatada.
- ☐ Elige quesos de bajo contenido graso.
- ☐ No añadas nata a los postres, las salsas o el café.
- ☐ Come las patatas hervidas, en puré o asadas.

Productos que diminuyen el colesterol

En la actualidad podemos comprar productos, por ejemplo, cremas para untar, leches, yogures, yogures líquidos y quesos, que afirman reducir el colesterol porque contienen componentes vegetales naturales llamados esteroles o estanoles. Estos ingredientes tienen una estructura parecida a la del colesterol y está probado que reducen la absorción del colesterol procedente de los intestinos y que, por tanto, contribuyen a reducir los niveles de colesterol sanguíneo. Parece ser que disminuyen el colesterol total y el colesterol LDL, pero no ejercern ningún efecto sobre el colesterol HDL.

Estos productos son más caros y no pueden reemplazar una dieta sana. Aunque compres alimentos enriquecidos con esteroles o estanoles vegetales, para reducir el riesgo de sufrir una enfermedad coronaria deberás seguir una dieta sana de bajo contenido graso. Para que los estanoles y los esteroles surtan efecto debe tomarse en la cantidad indicada: se necesitan 2g de esteroles vegetales al día, que es aproximadamente la cantidad que obtendrás untando de crema tres rebanadas de pan (o seis si eres menos generosa).

La información de las etiquetas

Actualmente en los envases de muchos productos se ofrece información nutricional para ayudarnos a escoger de forma más saludable. Eso es lo que significan algunos de los datos que aparecen en las etiquetas:

ETIQUETA	SIGNIFICADO
Bajo en grasa	El alimento debe contener menos de 3 g de grasa por cada 100 g
Sin grasa	El alimento debe contener menos de 0,5 g de grasa por cada 100 g
Grasa reducida	El alimento debe contener un 30 % menos de grasa que un producto similar normal. Ello no significa que el producto sea bajo en grasa
Bajo en grasa saturada	La cantidad total de grasa saturada y grasas trans presentes en el producto debe ser inferior a 1,5 g por cada 100 g
Sin grasas saturadas	La cantidad total de grasa saturada y grasas trans que contiene el producto debe ser inferior a 0,1 g por cada 100 g
Menos del 5 % de grasa	El producto contiene menos de 5 g de grasa por cada 100 g
Light o bajo en calorías	El producto debe seguir las mismas reglas que los llamados de grasa reducida, y la etiqueta debe señalar qué características tiene para poder ser considerado light o bajo en calorías, por ejemplo, una reducción de grasa o azúcar
Sal o sodio reducido	El producto debe contener como mínimo un 25 % menos de sal o de sodio que un producto similar normal
Bajo en sal o sodio	El producto no puede contener más de 0,12 g de sodio o de 0,3 g de sal por cada 100 g
Muy bajo en sal o sodio	El producto no puede contener más de 0,04 g de sodio o de 0,1 g de sal por cada 100g
Bajo en azúcar	El alimento debe contener menos de 5 g de azúcar por cada 100 g
Sin azúcar añadido	No lleva azúcares añadidos, pero el producto puede llevar azúcares naturales. Si el producto contiene azúcares naturales, la etiqueta debe decir «Contiene azúcares naturales»
Azúcar reducido	El alimento debe contener como mínimo un 30 % menos de azúcar que un producto similar normal

Grasa saturada y grasa insaturada

MÉTODOS SENCILLOS PARA COMER MÁS GRASAS MONOINSATURADAS

- En vez de mantequilla o manteca de cerdo utiliza aceite de oliva o de colza para cocinar.
- Para aliñar la ensalada, usa aceite de oliva o de colza, en lugar de mayonesa o salsa para ensaladas.
- Añade aguacate a las ensaladas, o utilízalo triturado para preparar sándwiches como si fuera mantequilla.
- Prepara tú mismo el guacamole; mezcla el aguacate triturado con tomate cortado fino, un poco de ajo, zumo de limón y salsa de tabasco al gusto. También puedes comprar el guacamole ya preparado.
- En lugar de tomar patatas fritas de bolsa y otros aperitivos salados como tentempié tómate unos cuantos frutos secos sin sal.
- Añade frutos secos y semillas a las ensaladas, los fritos orientales, los curries y los platos de pasta.

Para mejorar el equilibrio entre el colesterol LDL y el colesterol HDL, comer el tipo adecuado de grasa es tan importante como ingerir menos cantidad.

En los alimentos existen tres tipos básicos de grasas: las saturadas, las monoinsaturadas y las poliinsaturadas. La mayoría de alimentos contienen una mezcla de las tres, pero suelen clasificarse según el tipo de grasa que contienen en mayor cantidad.

Grasas saturadas

Entre los alimentos ricos en grasas saturadas se encuentran las carnes grasas, los productos lácteos enteros, la mantequilla, la manteca de cerdo, la nata, el queso, la manteca clarificada y los aceites de coco y de palma. Muchos alimentos precocinados y para llevar también son ricos en grasas saturadas. Las grasas saturadas se consideran uno de los peores tipos de grasa en relación con el riesgo de sufrir una enfermedad coronaria, porque aumentan el colesterol LDL o «malo». Por eso es importante consumirlas en menor cantidad.

Grasas poliinsaturadas

Las grasas poliinsaturadas se dividen en dos grupos: las grasas poliinsaturadas omega-3 y las grasas poliinsaturadas omega-6.

Nuestro cuerpo es pacaz de producir las importantes grasas de cadena larga omega-3 a partir de alimentos tales como el aceite de colza, el aceite de nuez, las semillas de lino, los frutos secos, la soja y las verduras de hojas verdes. Sin embargo, el pescado azul, como el salmón, las sardinas, la caballa, la trucha, el atún fresco y los arenques frescos y ahumados, se consideran la mejor fuente directa de grasas omega-3. Este tipo de grasas reducen el colesterol LDL. Además, parece ser que las grasas omega-3 presentes en el pescado azul (véanse páginas 22-23) tienen incluso más ventajas para la salud del corazón, entre ellas la de reducir el nivel de triglicéridos sanguíneos.

Las grasas omega-6 se encuentran en el aceite de maíz, girasol, soja y pescado, así como en algunas margarinas y cremas de untar. Estas grasas ayudan a reducir el colesterol LDL. Los estudios demuestran que es importante realizar una ingesta equilibrada de grasas omega-3 y grasas omega-6.

Grasas monoinsaturadas

Entre las fuentes ricas en grasas monoinsaturadas se encuentran el aceite de oliva, el aceite de colza, los aguacates, los frutos secos y las semillas. Este tipo de grasas reducen el colesterol LDL o «malo» pero no disminuyen los niveles de colesterol HDL o «bueno» y, de hecho, pueden aumentarlo.

¿Debemos evitar la carne roja?

Hace unos años había expertos que recomendaban comer menos carne roja para reducir el riesgo de tener el colesterol alto, porque se consideraba rica en grasas, especialmente saturadas. Con los años, no obstante, la carne roja se ha vuelto menos grasa gracias a los nuevos programas de crianza y a las mejores técnicas aplicadas a la matanza. De hecho, desde los años cincuenta el contenido graso de la carne roja se ha reducido de forma significativa; la carne de ternera ha pasado de tener un 25 % de grasa a tener solo un 5 %, la de cerdo de un 30 % a un 4 % y la de cordero de un 31 % a un 8 %.

En la actualidad la mayor parte de la carne roja que compramos contiene más grasas monoinsaturadas y poliinsaturadas, sanas para el corazón, que grasas saturadas. De todos modos, para reducir todavía más el contenido de grasas saturadas podemos pedir cortes magros y eliminar cualquier resto visible de grasa.

Consejos para que la carne roja resulte sana

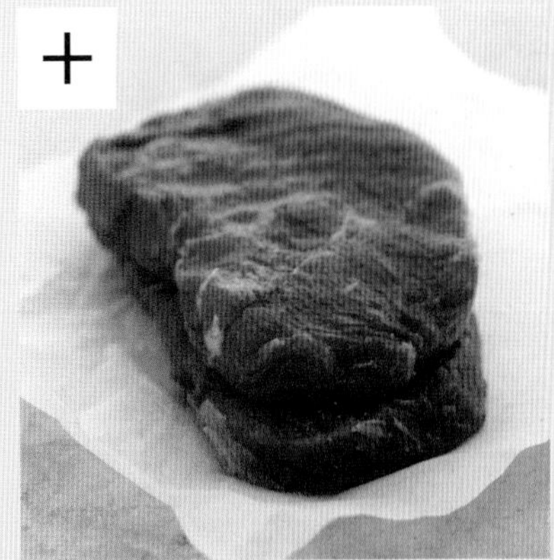

+ Pide que sea magra y elimina cualquier resto visible de grasa antes de cocinarla.
+ Escoge un método poco graso para cocinarla y no añadas nada de grasa adicional.
+ Compra carne fresca en lugar de procesada; suele contener menos grasa y por regla general menos sal.
+ Come cantidades pequeñas: no más de 140 g al día.
+ Sirve la carne con muchas verduras e hidratos de carbono ricos en fibra y féculas, tales como pasta o arroz integrales, pan moreno y patatas asadas.

CONTENIDO GRASO MEDIO DE LA CARNE ROJA

Corte de carne	Grasa total (g)	Grasas saturadas (g)	Grasas monoinsaturadas	Grasas poliinsaturadas
Ternera magra	5,1	2,2	2,3	0,3
Cordero magro	8,3	3,8	3,2	0,4
Cerdo magro	4	1,4	1,5	0,7

La carne contiene asimismo pequeñas cantidades de grasas omega-3, que contribuyen a la buena salud del corazón, especialmente en el caso de aquellas personas que ya han sufrido un ataque al corazón. El pescado azul, no obstante, es con diferencia la mejor y más saludable fuente de grasas omega-3.

Algunos estudios parecen demostrar que las personas que comen carne corren un riesgo ligeramente mayor de sufrir enfermedades cardiovasculares que las que no la comen. Pero otros estudios indican que el hecho de comer carne roja magra no aumenta el colesterol, y que incluso puede disminuir los niveles de colesterol LDL. Ello podría deberse a que la carne roja magra contiene grasas monoinsaturadas, grasas omega-3, vitamina B y selenio, todo lo cual ayuda a mantener el corazón sano. Los informes acerca del papel de la carne roja en nuestra dieta concluyen que se puede comer carne roja magra con moderación.

SUSTITUYE ESTE ALIMENTO RICO EN GRASAS SATURADAS	POR ESTOS ALIMENTOS CON POCAS GRASAS SATURADAS	CANTIDAD	GRASAS SATURADAS QUE SE EVITAN
Mantequilla	Crema para untar hecha con aceite de girasol	1 cucharadita	1,9 g
Manteca de cerdo fundida	Aceite de oliva	1 cucharada	2,9 g
Leche entera	Leche semidesnatada	200 ml	2,8 g
Queso tipo cheddar	Queso tipo cheddar de grasa reducida	25 g	3,7 g
Nata para montar	Yogur natural bajo en grasa	1 cucharada	8,8 g
Beicon a la parrilla	Panceta magra a la parrilla	2 lonchas	1,8 g
Carne picada de ternera	Carne picada extra magra	100 g	2,7 g
Pastel de carne y riñones	Pastel de carne y puré de patatas	1 ración	5,6 g
Salchichas a la parrilla	Salchichas bajas en grasa a la parrilla	2	2,5 g
Hamburguesa con queso	Hamburguesa	1	2,9 g
Patatas fritas	Patatas asadas	165 g	2,9 g
Crema de tomate	Sopa de verduras	220 g	1,1 g
Helado de vainilla	Sorbete de limón	1 bola	3,7 g
Bollo de hojaldre con pasas, manzana o crema	Bollo con pasas	1	7,8 g

Las grasas trans

Últimamente ha empezado a aparecer información sobre las grasas trans.

La carne roja y los productos lácteos contienen pequeñas cantidades de grasas trans. Estas grasas también están presentes en los alimentos hechos con grasas hidrogenadas o aceites vegetales hidrogenados.

Los productos como pasteles, galletas, margarinas, platos preparados, fritos, bollos y tartas acostumbran a contener estos ingredientes añadidos. Paradójicamente, las grasas trans se crean al procesar aceites vegetales puros, que suelen ser una buena fuente de grasas insaturadas, beneficiosas para el corazón. A estos aceites líquidos se les aplica hidrógeno gaseoso; el proceso se conoce como hidrogenación y sirve para mejorar su textura y sabor, y para aumentar el tiempo de durabilidad antes de su venta. El producto resultante es una grasa más sólida, conocida como grasa hidrogenada o aceite vegetal hidrogenado, que luego se agrega a muchos alimentos preparados.

Las grasas trans que contienen por sí la carne roja y los productos lácteos no parecen ser perjudiciales para nuestra salud. Sin embargo, los estudios demuestran que las grasas trans producidas por la mano del hombre son tan perjudiciales para la salud del corazón como las grasas saturadas o incluso más. Asi pués, las grasas trans suelen ejercer un efecto «tres veces malo» sobre los niveles de colesterol sanguíneo: aumentan el colesterol LDL o «malo», aumentan los triglicéridos y reducen el colesterol HDL o «bueno». Dicho con otras palabras, son las grasas que más probabilidades tienen de depositar colesterol en nuestras arterias y, al mismo tiempo, aportan pocos recursos para acabar con él.

Por eso los expertos recomiendan que comamos menos alimentos que las contengan. Sin embargo, las personas que comen muchos fritos y comida preparada deben de tener en cuenta que pueden estar ingiriendo más de las que deberían. Por su parte muchos fabricantes están eliminando las grasas y los aceites vegetales hidrogenados de sus productos para que nuestro consumo de dichas sustancias sea menor.

CÓMO SABER SI UN ALIMENTO CONTIENE GRASAS TRANS

El Ministerio de Salud del Reino Unido recomienda que no más de un 2 % de nuestras calorías provenga de grasas trans, un valor que para la mayoría de mujeres equivale a unos 4 g y para la mayoría de los hombres a unos 6 g al día. Sin embargo, muy pocos fabricantes indican los gramos de grasas trans que hay en sus productos, a menos que quieran usarlo como reclamo. Eso significa que deberás mirar si en la lista de ingredientes aparecen grasas hidrogenadas o aceites vegetales hidrogenados. Si el producto contiene uno de estos dos elementos lo más probable es que también tenga grasas trans; y cuanto más arriba de la lista aparezcan, más grasas trans habrá en el producto. Asimismo, puedes buscar aquellos productos en cuyos envases se indique que no contienen «grasas o aceites vegetales hidrogenados». Dichos alimentos no suelen estar elaborados con grasas trans producidas por la mano del hombre.

Las grasas trans producidas por la mano del hombre son igual de perjudiciales para el corazón que las grasas saturadas.

Los beneficios del pescado

El pescado azul como el salmón, las sardinas y la caballa, contiene gran cantidad de grasas omega-3, sanas para el corazón.

Los expertos aconsejan tomar pescado dos veces a la semana y que al menos una de las veces sea pescado azul.

El pescado blanco y el marisco, como el bacalao, el carbonero, el abadejo, la platija, la lubina, las gambas, el cangrejo y las almejas, son especialmente bajos en grasas, por lo que resultan muy indicados si deseas reducir la ingesta total de grasa. El pescado azul o rico en aceite, por el contrario, tal y como sugiere el nombre, suele contener más grasa, sobre todo grasas omega-3.

Los beneficios del pescado azul han sido objeto de controversia en los últimos años, pero la mayoría de expertos siguen pensando que este tipo de pescado desempeña un papel crucial debido a que es muy rico en grasas omega-3. Se sabe que las grasas omega-3, además de reducir el colesterol LDL, tienen otras muchas ventajas para el corazón. Algunos de sus efectos son los siguientes

- Reducen la viscosidad de la sangre, de forma que es menos probable que se coagule.
- Contribuyen a que los latidos del corazón sean regulares.
- Evitan que se dañen las pequeñas arterias que llevan la sangre al corazón.
- Reducen los niveles de triglicéridos.
- Aumentan las posibilidades de sobrevivir después de un ataque al corazón.

De hecho, los efectos positivos del pescado azul en la salud del corazón se consideran tan importantes que las personas que sufren una angina de pecho o han tenido un ataque al corazón deben comer entre dos y tres veces a la semana este tipo de pescado.

Recetas sabrosas para comer más pescado azul

- ☐ Coge un panecillo, úntalo con un poco de queso para untar de grasa reducida y ponle salmón ahumado.
- ☐ Coloca el contenido de una lata pequeña de sardinas o caballa con salsa de tomate sobre una tostada y tómala para cenar.
- ☐ Para comer, toma un filete de atún fresco: hazlo a la parrilla y sírvelo con una patata asada, un poco de ensalada y un chorrito de limón.
- ☐ Prepara un plato de pasta integral con salmón de lata, brócoli ligeramente cocido al vapor y queso blando de grasa reducida con ajo y hierbas; caliéntalo y sírvelo con un poco de ensalada.
- ☐ Haz paté de caballa ahumada casero: mezcla caballa ahumada con zumo de limón, queso fresco descremado y estragón fresco. Sírvelo con pan integral y ensalada.
- ☐ Busca en el supermercado croquetas de salmón. Cocínalas siguiendo las instrucciones del envase y sírvelas con ensalada.
- ☐ Prepara unas barritas de salmón fresco rebozado.
- ☐ Busca en el supermercado envases de trucha, caballa y salmón preparados y listos para cocinar. En el envase encontrarás las instrucciones sobre las posibles formas de cocción.
- ☐ El fin de semana disfruta de un elegante desayuno-almuerzo añadiendo salmón ahumado a los huevos revueltos. Sírvelo con un panecillo o mollete integral.

¿Qué se considera pescado azul?

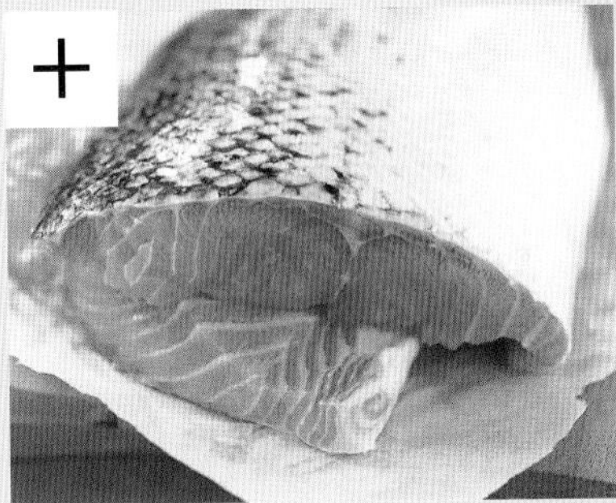

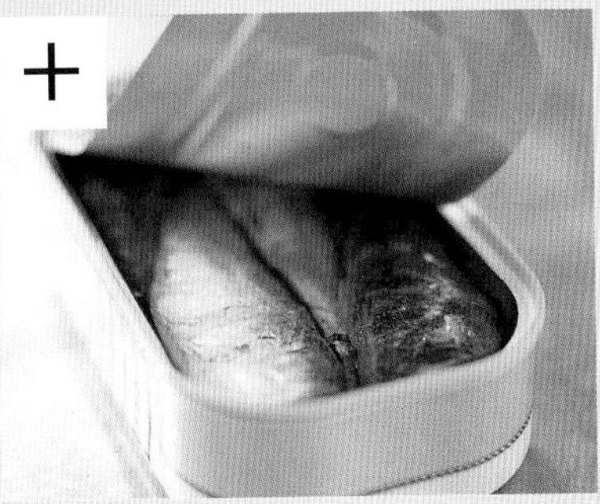

+ Salmón
+ Trucha
+ Caballa
+ Arenque
+ Sardinas
+ Boquerones
+ Arenque ahumado
+ Atún fresco*
+ Anchoas
+ Pez espada

*El atún fresco es rico en grasas omega-3, pero el atún en conserva tiene una cantidad similar que la del pescado blanco. Por eso el atún solo puede considerarse pescado azul si es fresco. No obstante, el atún en conserva puede ser una de las dos porciones semanales recomendadas de pescado.

Fruta y verdura: fuente de salud

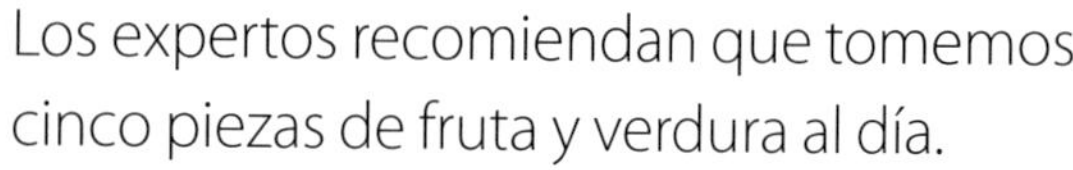

Todas las frutas y verduras, es decir, las frescas, las congeladas, las envasadas, las secas, los zumos y los batidos, son parte de las cinco piezas diarias recomendadas.

Los expertos recomiendan que tomemos cinco piezas de fruta y verdura al día.

La mayoría de las frutas y verduras contienen poca grasa y mucha fibra (véanse páginas 29-31), dos cosas importantes para tener el corazón sano y para perder peso en caso necesario. Pero muchas frutas y verduras están repletas, además, de antioxidantes, que según parece pueden ayudar a protegernos de las enfermedades coronarias.

Los antioxidantes, tales como el beta caroteno, las vitaminas C y E y el selenio, «acaban con» el exceso de radicales libres, unas moléculas potencialmente dañinas. Dichas moléculas, creadas de forma natural por el cuerpo, son malas para nuestro corazón, ya que según parece provocan la oxidación del colesterol LDL, lo cual permite que éste se instale más fácilmente en las paredes de las arterias. Los nutrientes antioxidantes son, por tanto, especialmente importantes porque ayudan a eliminar del cuerpo el exceso de radicales libres.

Además, muchas frutas y verduras son ricas fuentes de sustancias fitoquímicas, unas sustancias químicas presentes en las plantas que también actúan como poderosos antioxidantes. Se ha estudiado a fondo sobre todo un grupo de sustancias fitoquímicas llamadas flavonoides. Los flavonoides se encuentran en muchas frutas y verduras, sobre todo en las manzanas y las cebollas. Los estudios sugieren que los flavonoides, además de ayudar a reducir la oxidación del colesterol LDL, contribuyen a hacer la sangre menos viscosa y, por tanto, a disminuir el riesgo de que se forme un coágulo.

Otra sustancia fitoquímica, el licopene, ha recibido también bastante atención debido a que es un potente antioxidante que puede ayudar a mantener sano el corazón. El licopene se encuentra en los tomates, el pomelo rojo, la guayaba y la sandía, pero, dado que el cuerpo absorbe mejor el licopene de los alimentos cocinados, determinados productos procesados, tales como el tomate en lata o la sopa y las salsas de tomate suelen ser mejores fuentes de dicho antioxidante que los ingredientes frescos.

Beneficios de las frutas y las verduras

Algunas de las vitaminas y minerales presentes en las frutas y las verduras pueden asimismo contribuir a mantener la salud del corazón. Así, por ejemplo, la mayoría de frutas y verduras son ricas en potasio, un mineral que ayuda a controlar la presión sanguínea y hace que los latidos del corazón sean regulares. Las verduras verdes —espinacas, coles, berro, espárragos, col rizada y brócoli, por ejemplo— y los cítricos son también una buena fuente de un tipo de vitamina B que se llama ácido fólico, que reduce los niveles en sangre de una sustancia denominada homocisteína. Eso es importante porque un nivel elevado de homocisteína, resultado de la descomposición de un aminoácido llamado metionina, aumenta el riesgo de padecer enfermedades coronarias. Un exceso de homocisteína en la sangre puede tener un doble efecto en la salud del corazón: la homocisteína se transforma en un compuesto que se une al colesterol LDL para formar placas grasas, y provoca cambios en el revestimiento de la arteria que pueden causar coágulos sanguíneos.

¿Qué se considera una pieza?

Todas las frutas y verduras, es decir, las frescas, las congeladas, las envasadas, las secas y los zumos, pueden ser una de las cinco piezas diarias recomendadas. La única excepción son las patatas, que contienen fécula y no se incluyen en las cinco piezas recomendadas. Por otra parte, un vaso de zumo de fruta, sea del tamaño que sea, cuenta como una pieza, porque los zumos, a diferencia de las frutas y las verduras frescas, congeladas, envasadas o secas, no contienen demasiada fibra. Además, en el proceso de fabricación se liberan los azúcares naturales que se hallan entre las células de las frutas y las verduras, por eso los zumos son menos sanos para los dientes. Un plato de legumbres, por ejemplo de judías, lentejas o garbanzos, también cuenta solo como una pieza, pues las legumbres no contienen las mismas vitaminas y minerales que el resto de frutas y verduras. No obstante, son ricas en fibra soluble, que ayuda a reducir la absorción del colesterol (véase página 29).

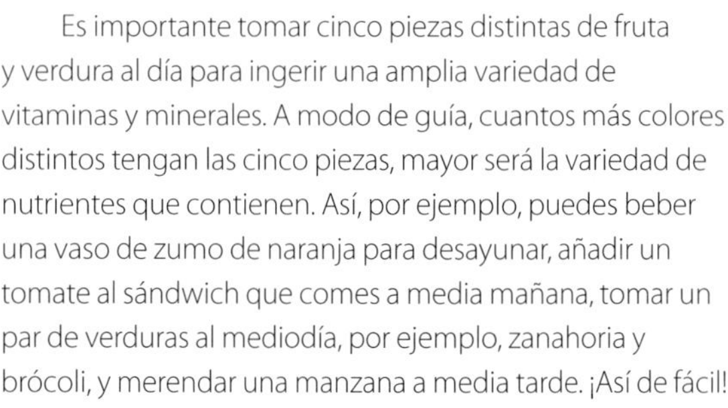

El ajo permite sazonar los alimentos sin necesidad de añadir sal, y reducir el consumo de sal puede ayudar a disminuir la presión sanguínea, uno de los factores de riesgo de las enfermedades coronarias.

Es importante tomar cinco piezas distintas de fruta y verdura al día para ingerir una amplia variedad de vitaminas y minerales. A modo de guía, cuantos más colores distintos tengan las cinco piezas, mayor será la variedad de nutrientes que contienen. Así, por ejemplo, puedes beber una vaso de zumo de naranja para desayunar, añadir un tomate al sándwich que comes a media mañana, tomar un par de verduras al mediodía, por ejemplo, zanahoria y brócoli, y merendar una manzana a media tarde. ¡Así de fácil!

Unos 75 g de fruta o verdura equivalen a una pieza. Todas las frutas y verduras incluidas en los platos guisados cuentan. A continuación encontrarás algunos ejemplos de lo que se considera una pieza:

- ☐ 1 manzana, plátano, pera o naranja
- ☐ 2 ciruelas, satsumas o kiwis
- ☐ ½ pomelo o aguacate
- ☐ 1 tajada grande de melón o de piña fresca
- ☐ 3 cucharadas colmadas de verduras o legumbres
- ☐ 3 cucharadas colmadas de macedonia o compota de fruta
- ☐ 1 cucharada colmada de pasas
- ☐ 3 orejones o albaricoques secos
- ☐ 1 taza llena de uvas, cerezas o frutos del bosque
- ☐ 1 plato de postre con ensalada
- ☐ 150 ml de zumo natural de fruta o verdura

¿El ajo es bueno para el corazón?

Según la Fundación Británica del Corazón, todavía no existen pruebas suficientes para afirmar que el ajo puede protegernos de las enfermedades del corazón. De todos modos, el ajo, junto con las hierbas frescas, permite sazonar la comida sin necesidad de añadir sal, y disminuir el consumo de sal puede contribuir a reducir la presión sanguínea, uno de los factores de riesgo de las enfermedades coronarias.

Fórmulas sencillas para comer más frutas y verduras

- ☐ Ten siempre el frutero lleno y a mano.
- ☐ Añade más verduras a los curries, los guisos, el pastel de carne, la pasta, el chile con carne, los platos preparados, las pizzas, las salsas y las sopas.
- ☐ En vez de preparar una ensalada desde el principio, compra bolsas con hojas de lechuga ya lavadas.
- ☐ Ten siempre en el congelador bolsas de verduras y frutos del bosque congelados, para cuando no tengas verduras y frutas frescas (contienen los mismos nutrientes que las frescas).
- ☐ Encarga cada semana una caja de frutas y verduras.
- ☐ Descubre nuevas formas de cocinar las verduras, especialmente las que piensas que no te gustan.
- ☐ Prueba algunas de las frutas y verduras más exóticas, como el mango, la granada, la pitaya, la col china, la calabaza, el hinojo y el apio y nabo.
- ☐ Confecciona ensaladas apetitosas: usa distintos tipos de hojas e incorpora ingredientes como el pimiento, la cebolla, el maíz, el aguacate, la remolacha, los guisantes, la zanahoria rallada y la col.
- ☐ Como tentempiés, toma tiras de zanahoria o pimiento, tomates cherry, champiñones o ramilletes de coliflor, con un poco de hummus o tzatziki de grasa reducida.
- ☐ Prepara postres como tartaletas integrales con fruta, fruta en almíbar sin azúcar, manzanas al horno o plátano troceado con crema baja en grasa.
- ☐ Transforma algunos de tus platos preferidos en vegetarianos: lasaña vegetariana, risotto con champiñones o curry de patata y coliflor.
- ☐ Prepara zumos naturales con tus frutas favoritas.

¿Debería comer más soja?

Es posible que no metas en el carro de la compra productos elaborados con soja, pero existen pruebas suficientes de que éstos ayudan a mantener el corazón sano. Los estudios demuestran que tomar 25 g de proteína de soja al día como parte de una dieta baja en grasas saturadas contribuye a disminuir ligeramente tanto el colesterol total como el colesterol LDL. Por otro lado, los productos elaborados con soja suelen ser una buena fuente de fibra soluble (véase página 29) y flavonoides, ambos importantes para disfrutar de un corazón sano. Sin embargo, vale la pena tener presente que el hecho de comer más soja probablemente no conseguirá disminuir el colesterol por sí solo. Para que el colesterol baje es necesario seguir una dieta sana y baja en grasas, perder peso si fuera necesario y hacer más ejercicio físico.

Puedes tomar los 25 g de proteína de soja bebiendo tres vasos de leche de soja al día, pero asegúrate de que el producto esté enriquecido con calcio y no lleve azúcar añadido. También existen postres, yogures y natas de soja, aunque debes comprobar siempre la información nutricional ya que podrían contener más calorías de las que piensas. Para seguir ingiriendo todos los nutrientes beneficiosos que aporta la leche puedes tomar productos de soja además de los productos lácteos habituales.

DÓNDE SE ENCUENTRAN LOS NUTRIENTES ANTIOXIDANTES

Nutriente	Dónde se encuentra
Selenio	Carne, pescado, aves, frutos secos y semillas
Beta caroteno	Verduras de color verde oscuro (como espinacas y berro), y verduras y frutas amarillas, naranjas y rojas (como las zanahorias, los tomates, los albaricoques secos, los boniatos y los mangos).
Vitamina C	Grosella, frutos del bosque, verduras verdes con hojas (como las coles de Bruselas, la col, las espinacas y el brócoli), los tomates, los pimientos, el kivi, los cítricos y el zumo de éstos.
Vitamina E	Aceites vegetales, cremas de untar, aguacates, frutos secos, semillas, verduras verdes con hojas, huevos y alimentos integrales

La fibra

La ingestión de alimentos ricos en fibra mantiene el buen funcionamiento del aparato digestivo, pero además te ayuda a tener el corazón sano.

La mayoría de alimentos que contienen una buena cantidad de fibra tienen además poca grasa y aportan una serie de vitaminas, minerales y sustancias fitoquímicas beneficiosas para el corazón. Además, una dieta que suministre buenas cantidades de fibra puede ayudarte a controlar el peso o a perderlo; hace que te sientas lleno más tiempo y que por tanto piques menos entre horas. Eso es muy importante porque perder peso puede ayudarte a reducir el colesterol sanguíneo. La fibra dietética puede ser de dos tipos básicos: la insoluble y la soluble.

Fibra insoluble

Esta clase de fibra ayuda a mantener el aparato digestivo sano porque aumenta la masa y la blandura de las heces, y ello a su vez facilita el paso de los alimentos por el cuerpo. Es el tipo de fibra que ayuda a prevenir dolencias tales como el estreñimiento, las hemorroides, la enfermedad diverticular y posiblemente incluso el cáncer intestinal.

Asimismo, la fibra insoluble aumenta la sensación de saciedad. Funciona como una esponja y absorbe y retiene el agua. Eso significa que los alimentos ricos en fibra se hinchan en tu estómago, de modo que hacen que te sientas lleno y te quitan la sensación de hambre. Entre los alimentos ricos en fibra insoluble se encuentran la harina y el pan integral, los copos cereales integrales, el salvado, el arroz integral, la pasta integral, los cereales, los frutos secos, las semillas y algunas frutas y verduras.

Fibra soluble

La fibra soluble también te ayuda a controlar el peso. Forma un gel en el intestino que, según parece, ralentiza la digestión y la absorción de los hidratos de carbono tales como la glucosa. Eso contribuye a mantener los niveles de azúcar en sangre estables, lo cual evita los deseos

La fibra soluble puede disminuir el colesterol sanguíneo y por tanto es importante para la salud del corazón.

MÉTODOS SENCILLOS PARA INGERIR MÁS FIBRA

- Empieza el día con un cuenco de copos de avena o de cereales de alto contenido en fibra.
- Toma como mínimo cinco piezas de fruta y verdura al día y come también la piel de frutas como la manzana y la pera; en vez de pelar las zanahorias y las chirivías, límpialas bien.
- No peles las patatas. En vez de puré de patata o patatas fritas, opta por las patatas asadas o hervidas con piel.
- Añade lentejas o cebada a los guisos, sopas y estofados.
- Añade guisantes o judías a los fritos orientales y a las ensaladas; o toma una tostada con frijoles para desayunar o comer.
- Opta por la pasta, el arroz, los fideos y el pan integrales.
- Si te gusta cocinar repostería, sustituye parte o toda la harina blanca de la receta por la variedad integral.
- Añade copos de avena o muesli a la macedonia y al yogur.
- Sustituye las patatas fritas de bolsa, el chocolate y las galletas por tentempiés ricos en fibra, tales como los frutos secos y las semillas sin sal, la fruta fresca o alguna salsa de bajo contenido graso con crudités vegetales.
- Empieza la comida con un primer plato rico en fibra: una ensalada mixta, una mazorca de maíz, una sopa de verduras o legumbres, un kebab o pincho de verduras, melón, aguacate con cangrejo o verduras a la parrilla.

repentinos de comer que te llevan a ingerir tentempiés dulces con un elevado contenido de azúcar y a menudo también de grasa, tales como galletas, chocolate, tostadas con mantequilla y mermelada, magdalenas y donuts. Además, la fibra soluble puede ayudar a controlar el nivel de azúcar en sangre en las personas con diabetes.

Pero eso no es todo. Según parece la fibra soluble ayuda a disminuir el colesterol sanguíneo, de modo que es importante para la salud del corazón. Se cree que esta clase de fibra se encarga de evitar que el colesterol sea reabsorbido en la corriente sanguínea. Ello disminuye la cantidad de colesterol presente en la sangre y consecuentemente reduce el riesgo de contraer enfermedades coronarias.

Después de realizar diez ensayos clínicos se llegó a la conclusión de que tomar 3 g de fibra soluble procedente de la avena (una de las fuentes principales de fibra soluble) puede disminuir ligeramente el nivel de colesterol sanguíneo. Otros alimentos ricos en fibra soluble son la fruta, las verduras, la cebada y las legumbres, como las lentejas, las alubias y los guisantes.

¿Cuánta fibra se necesita?

Para mantenerse sano es mejor comer distintos alimentos ricos en fibra que solo uno o dos. De ese modo obtendremos una mezcla de fibra soluble e insoluble y, por tanto, nos beneficiaremos de las ventajas de ambas. Puedes mirar las etiquetas para identificar aquellos alimentos que contengan una buena cantidad de fibra. La cantidad recomendada para una persona adulta es de unos 18 g diarios aunque puede oscilar entre 12 y 24 g.

Consume el grano entero

En la actualidad los expertos recomiendan comer más alimentos integrales. Varios estudios detallados realizados en Estados Unidos, Finlandia y Noruega han demostrado que las personas que comen una cantidad relativamente grande de cereales integrales tienen un índice de ataques al corazón y derrames cerebrales considerablemente más bajo.

Tal y como sugiere su propio nombre, los alimentos integrales contienen el grano entero, incluido el germen (que es rico en nutrientes), el endoesperma (que proporciona energía) y la cáscara (rica en fibra). Al refinar los granos —para obtener harina, arroz o pan blancos, por ejemplo— se eliminan la cáscara exterior y el germen, por eso éstos pierden la mayor parte de su fibra y muchos de sus nutrientes. Cada vez está más claro que es la combinación de fibra, vitaminas, minerales, sustancias fitoquímicas, antioxidantes e hidratos de carbono complejos lo que confiere a los alimentos integrales todos sus beneficios.

Alimentos integrales y corazón sano

Actualmente está tan claro que los alimentos integrales son beneficiosos para el corazón que los productos que contienen como mínimo un 51 % de cereales enteros pueden llevar la afirmación siguiente en la etiqueta: «Las personas que tienen el corazón sano suelen comer más alimentos integrales como parte de un estilo de vida saludable».

Pero, los alimentos integrales también nos benefician de otros modos. Los estudios demuestran que ayudan a mantener un nivel de azúcar en sangre saludable y a conservar en buen estado el aparato digestivo. Las personas que comen alimentos integrales tienen más posibilidades de tener un índice de masa corporal (IMC) bajo y menos probabilidades de acabar aumentando de peso.

Debido a todo ello son muchos los expertos que en la actualidad recomiendan comer tres raciones de alimentos integrales al día. Se considera que una ración son 16 g de un alimento integral y equivale a:

- ☐ 1 rebanada mediana de pan integral
- ☐ 1 panecillo integral pequeño
- ☐ 1 plato pequeño de copos de avena
- ☐ 3 cucharadas de cereales integrales
- ☐ 3 cucharadas colmadas de pasta integral
- ☐ 2 cucharadas colmadas de arroz integral hervido
- ☐ ½ pan de pitta integral
- ☐ 2-3 tazas de palomitas
- ☐ 3-4 tostadas de arroz o centeno integrales

Las personas que tienen el corazón sano suelen comer más alimentos integrales como parte de un estilo de vida saludable.

El consumo de sal

Las personas con la presión sanguínea alta tienen el triple de probabilidades de desarrollar una enfermedad del corazón o de sufrir un derrame cerebral. Así pues, conviene mantener la tensión bajo control.

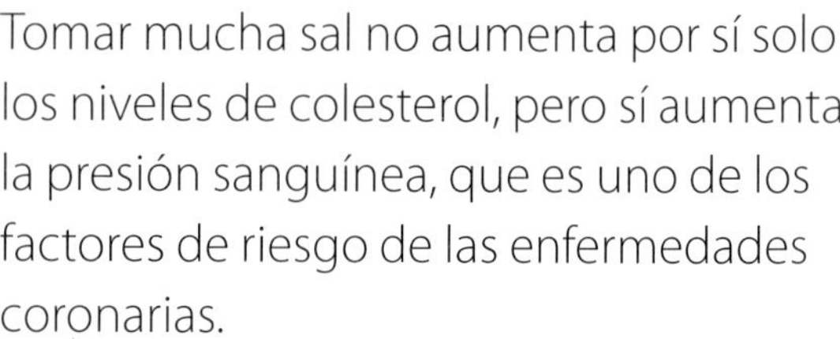

Tomar mucha sal no aumenta por sí solo los niveles de colesterol, pero sí aumenta la presión sanguínea, que es uno de los factores de riesgo de las enfermedades coronarias.

Tener la presión sanguínea alta significa que el corazón debe trabajar más para bombear la sangre a todo el cuerpo, por lo que puede acabar agotado y dañado, algo que aumenta potencialmente el riesgo de sufrir un ataque al corazón. Las personas que sufren aterosclerosis suelen tener la presión sanguínea elevada porque su corazón debe bombear la sangre a través de arterias más estrechas y menos flexibles, lo que aumenta la presión en dichos vasos sanguíneos (véase página 10).

En la actualidad existen pruebas científicas irrefutables de que consumir menos sal ayuda a disminuir la presión sanguínea. La mayoría de nosotros consumimos alrededor de unos 9 g de sal al día, pero para tener el corazón sano deberíamos limitar la ingesta a solo 6 g diarios. Concretamente, lo que provoca la elevación de la presión sanguínea es el sodio, un componente de la sal también conocido como cloruro de sodio.

El problema es que la mayor parte de dicho sodio no proviene del salero. De hecho, tan solo el 10 % de la sal se añade al cocinar o en la mesa. El 15 % proviene de fuentes naturales, y los alimentos preparados aportan las tres cuartas partes de la sal de nuestra alimentación. Así pues, la clave para disminuir la ingesta de sodio es comer menos alimentos preparados salados, tales como salsas, escabeches, platos precocinados, sopas de lata, hamburguesas, salchichas, beicon, alimentos ahumados, nuggets de pollo, pizzas, comida para llevar, patatas fritas y otros aperitivos salados de bolsa. Asimismo, alimentos como el pan, los copos de cereales y el queso pueden llevar grandes cantidades de sal, aunque también buenas cantidades de vitaminas y minerales. Lo importante es escoger los productos que contengan menos sal.

Métodos sencillos para reducir la sal

- ☐ Haz desaparecer el salero de la cocina y la mesa.
- ☐ Come menos productos preparados y salados, como salsas, patatas de bolsa y similares, hamburguesas, salchichas, pizzas, comida para llevar, sopas de lata y platos preparados.
- ☐ Prepara tus propios «precocinados» con poca sal. Haz lasaña, chile con carne, salsa boloñesa, sopa, guisos o coliflor con bechamel caseros con poca sal; luego congela lo que sobre y tendrás siempre a mano platos bajos en sal, aunque no dispongas de tiempo para cocinar.
- ☐ Prepara tú mismo las hamburguesas con carne de ternera extra magra picada y algunas hierbas y especias frescas.
- ☐ Compra verduras envasadas con agua y evita las que llevan sal añadida, o utiliza verduras congeladas. En vez de hervir las verduras frescas, cuécelas al vapor, porque de ese modo les añadirás menos sal.
- ☐ No utilices la sal para cocinar. Sazona la comida con hierbas, ajo, especias, jengibre, lima, zumo de limón y pimienta negra. Utiliza distintos tipos de cebolla, como las cebollas rojas, las cebolletas y los chalotes, para sazonar los platos.
- ☐ Adoba la carne, el pescado y el pollo con adobos sin sal para que sepan mejor.
- ☐ En vez de utilizar pastillas de caldo, prepara el caldo y las salsas de carne, o escoge pastillas de bajo contenido en sal.
- ☐ Añade un poco de vino blanco o tinto a los guisos, estofados, arroces o salsas para la pasta.
- ☐ En el supermercado, compara el contenido de sal de productos similares y escoge los que lleven menos. Muchos fabricantes han empezado a reducir la sal de algunos de sus productos y han empezado a fabricar alternativas de bajo contenido en sal.

¿QUÉ CANTIDAD DE SAL HAY EN LOS ALIMENTOS?

Desgraciadamente, no en todas las etiquetas de los alimentos aparece la cantidad de sal que contienen. Para saberlo, multiplica la cantidad de sodio presente en una porción por 2,5 y obtendrás la cantidad total de sal en dicha porción. La Agencia de Seguridad Alimentaria considera que los alimentos con 1,25 g de sal o 0,5 g de sodio por cada 100 g o más son ricos en sal, mientras que aquellos que tienen 0,25 g de sal o 0,1 g de sodio por cada 100 g o menos son de bajo contenido en sal.

COCINAR CON CALDO BAJO EN SAL

Si sueles utilizar pastillas de caldo o caldo en polvo, busca marcas con bajo contenido en sal. Las pastillas de caldo vegetal contienen menos sal que las de caldo de ave o carne. Si tienes de tiempo, prepara tú mismo el caldo y sin añadir sal.

Los efectos del alcohol

Beber alcohol en exceso puede provocar ritmos cardíacos irregulares, y beber de forma habitual puede agrandar el corazón.

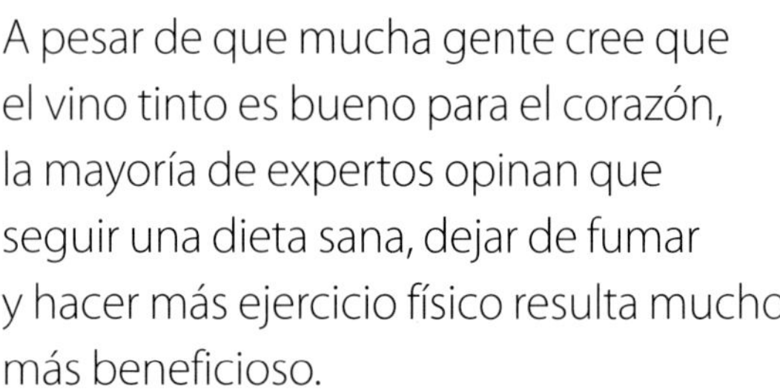

A pesar de que mucha gente cree que el vino tinto es bueno para el corazón, la mayoría de expertos opinan que seguir una dieta sana, dejar de fumar y hacer más ejercicio físico resulta mucho más beneficioso.

Según la Fundación Británica del Corazón, una o dos unidades de alcohol al día pueden contribuir a protegernos de las enfermedades de corazón, pero solo en el caso de los hombres mayores de 40 años y las mujeres que ya han pasado la menopausia. El alcohol ayuda a elevar el nivel de colesterol HDL o «bueno», aunque eso también se consigue haciendo más ejercicio físico, y puede reducir la viscosidad de la sangre, contribuyendo a disminuir el riesgo de sufrir coágulos sanguíneos.

No obstante, las personas que beben por encima de los límites aconsejables de forma constante —más de tres unidades al día en el caso de las mujeres y de cuatro en el caso de los hombres— tienen más probabilidades de sufrir dolencias tales como la presión sanguínea alta, que aumenta el riesgo de sufrir un ataque al corazón o un derrame cerebral. Asimismo, el alcohol contiene calorías pero poco más en lo que a nutrientes se refiere, de modo que beber grandes cantidades de alcohol puede llevar al sobrepeso o la obesidad, otro de los factores de riesgo de las enfermedades coronarias. Por otro lado, beber demasiado alcohol a veces provoca ritmos cardíacos irregulares, y hacerlo de forma habitual puede agrandar el corazón.

Algunos estudios sugieren que el vino tinto es la bebida alcohólica más beneficiosa para el corazón porque contiene flavonoides (véase página 24), pero dichos estudios no son concluyentes. De hecho, en la actualidad se cree que cualquier bebida con alcohol, siempre en pequeñas cantidades, puede disminuir el riesgo de sufrir enfermedades del corazón, y parece ser también que tomar alcohol con las comidas es más provechoso para la salud que tomarlo entre comidas.

Consejos básicos para beber de forma razonable

- ☐ Empieza tomándote un par de refrescos. Cuando uno llega a un bar, un club o un restaurante suele tener mucha sed, de modo que apaga dicha sed con bebidas que no contengan alcohol.
- ☐ Mezcla el vino con gaseosa o agua con gas y hielo, para que dure más.
- ☐ No bebas nunca licor solo; mézclalo siempre con algo, por ejemplo, una cola light, una tónica que no engorde o un zumo de naranja.
- ☐ Después de cada bebida con alcohol tómate otra sin alcohol.
- ☐ No temas saltarte rondas, y cuando te toque invitar a ti pídete una bebida sin alcohol. Si los amigos te presionan para que sigas bebiendo, diles que es una bebida con alcohol (una limonada tiene el mismo aspecto que un gin tonic).
- ☐ No pidas copas dobles y ten cuidado con los bares que las sirven siempre dobles. Si la copa tiene 35 ml, en vez de los 25ml habituales, cuenta como una unidad y media.
- ☐ En casa, en vez de servirte directamente de la botella, utiliza un dosificador de licores.
- ☐ Bebe cerveza suave en vez de negra o fuerte.
- ☐ Olvídate de los cócteles. Contienen mucho alcohol, pero como llevan otras bebidas no alcohólicas pueden no saber a alcohol y es fácil excederse.
- ☐ Puedes calcular a cuántas copas equivale una botella o lata multiplicando el porcentaje ABV (alcohol por volumen) que aparece en la botella por la cantidad de bebida en mililitros. Luego divídelo por 1.000.
- ☐ Recuerda que la mayoría de las bebidas alcohólicas contienen muchas calorías, por lo que no le harán ningún favor a tu peso.

BEBE DE FORMA RAZONABLE

Es recomendable que los hombres no beban más de 3 o 4 unidades de alcohol al día y las mujeres, no más de 2 o 3 unidades diarias para estar sanos. Quizás te parezca mucho, pero piensa que es posible tomar en una sola bebida todo el alcohol que debes ingerir en un día. La lista que aparece debajo muestra la cantidad de unidades de alcohol que llevan algunas bebidas corrientes:

- 600 ml de cerveza rubia normal = 2 unidades
- 600 ml de cerveza negra = 3 unidades
- 175 ml de vino blanco o tinto = 2 unidades
- 25 ml de licor (lo que sale en el dosificador) = 1 unidad
- 1 botella de alcohol que ya venga mezclado con algún refresco = 1,5 unidades

Mantener un peso saludable

El sobrepeso o la obesidad son factores que aumentan el riesgo de contraer enfermedades coronarias en sí mismos, pero además aumentan las posibilidades de tener el colesterol sanguíneo elevado, la presión sanguínea alta y diabetes, factores todos ellos que incrementan a su vez el riesgo de sufrir una enfermedad del corazón.

Una de las formas más fáciles de saber si pesas lo que debes de acuerdo con tu altura es calculando el índice de masa corporal (IMC). Tu médico de cabecera puede calcularlo por ti, pero también puedes hacerlo tú: tan solo tienes que saber cuánto pesas y cuánto mides (véase más abajo a la izquierda), y tener una calculadora a mano.

Además de determinar el IMC puedes medirte la cintura, para saber cómo se distribuye la grasa en tu cuerpo. Si tienes el cuerpo con forma de «manzana», es decir, si la grasa se almacena en el centro de tu cuerpo, tienes más riesgo de sufrir ciertas dolencias, como las enfermedades coronarias, la presión sanguínea alta y la diabetes. Para medirte la cintura pásate la cinta métrica alrededor del cuerpo, a la altura del ombligo. Las mujeres con una cintura de 80 cm y los hombres con una cintura de 94 cm corren un mayor riesgo de padecer problemas de salud. Si eres mujer y tu cintura mide 88 cm, o hombre y tu cintura mide 102 cm, corres un grave riesgo y deberías plantearte perder peso.

Lo bueno es que incluso una pequeña pérdida de peso, del 5 o el 10 %, resulta beneficiosa para tu salud. Eso significa, por ejemplo, que alguien que pese 83 kg y tenga sobrepeso obtendrá beneficios aunque solo pierda entre 4 y 8 kg.

¿Qué hago para adelgazar?

Un buen punto de partida puede ser seguir una dieta equilibrada baja en grasas y de alto contenido en fibra, pero

CALCULA TU ÍNDICE DE MASA CORPORAL (IMC)

Para calcular tu índice de masa corporal multiplica tu altura (en metros) al cuadrado, y luego divide tu peso (en kilogramos) por la cifra que acabas de obtener. Por ejemplo, si pesas 83 kg y mides 1,70 m, el cálculo será el siguiente: 83 : (1,70 x 1,70) = 28,7

- Un IMC de 18,5 indica que estás por debajo de tu peso.
- Un IMC entre 18,5 y 24,9 es saludable.
- Un IMC entre 25 y 29,9 indica que tienes sobrepeso.
- Un IMC por encima de 30 indica que estás obeso.

Cuanto más alto sea tu IMC, mayor será el riesgo para tu salud.

para eliminar el exceso de peso deberás, además, crear una disminución o déficit de calorías. Dicho de otro modo, debes ingerir menos calorías de las que quemas para que el cuerpo recurra a la grasa almacenada para obtener la energía que necesita y así funcionar de forma adecuada.

La forma más fácil de conseguir esta disminución calórica es reduciendo la ingesta diaria de calorías y quemando más calorías a base de realizar más ejercicio físico todos los días. Para perder 500 g de grasa a la semana debes introducir una disminución calórica de tan solo 500 calorías al día. Quizás te parezca mucho, pero puedes conseguirlo simplemente sustituyendo la mantequilla de un par de tostadas por una crema de untar de bajo contenido graso, comiendo una manzana en lugar de una bolsa grande de patatas fritas, reemplazando una cucharada de mayonesa para la ensalada por un aliño sin grasa y andando con paso enérgico durante 20 minutos.

No debes perder más de 500 g o 1 kg a la semana. Es más fácil y sano adelgazar poco a poco, y así a la larga no te será muy difícil mantenerte en tu peso.

Una forma sencilla de reducir las calorías es comiendo menos alimentos grasos. La grasa tiene más del doble de calorías por gramo que los hidratos de carbono y las proteínas (tiene unas 9 kcal frente a las 4 kcal de éstos). Por tanto, los alimentos que tienen mucha grasa también suelen ser muy calóricos. Además, toda la grasa tiene la misma cantidad de calorias. Así, por ejemplo, una cucharada de aceite de oliva, a pesar de contener menos grasas saturadas y más grasas monoinsaturadas, tiene un contenido calórico similar al de una cucharada de manteca de cerdo fundida. Si quieres perder peso, es importante que reduzcas todos los tipos de grasa, no solo la saturada.

Sin embargo, no creas que todos los alimentos descritos como «bajos en grasa» o «sin grasa» (véase página 17) tienen siempre pocas calorías o ninguna. Algunos productos de bajo contenido graso pueden ser más calóricos que los productos normales porque llevan azúcares añadidos y espesantes que le aportan sabor y textura. La solución: mira siempre el contenido calórico de

No todos los productos «bajos en grasa» o «sin grasa» contienen automáticamente pocas calorías, de modo que debes consultar siempre las etiquetas.

los alimentos de bajo contenido graso, especialmente en el caso de pasteles, galletas, patatas fritas de bolsa y similares, helados y platos preparados. Es posible que las diferencias calóricas entre estos productos y las variedades normales sean mínimas.

Por otro lado, es importante que te plantees reducir la cantidad de calorías eliminando aquellos alimentos que apenas contienen otro tipo de nutrientes. Las bebidas gaseosas, el azúcar, las galletas, los pasteles, el chocolate y las patatas fritas de bolsa o similares solo aportan calorías «vacías»; casi no te proporcionan proteínas, fibra, vitaminas ni minerales. Trata de obtener las calorías de alimentos ricos en otros nutrientes, como la carne magra, el pescado, los productos lácteos desnatados y los hidratos de carbono con mucha fibra.

CAMBIOS SENCILLOS PARA EVITAR CALORÍAS

1. Sustituye...	2. Por...	3. Tamaño de la porción	4.Evitas...
Leche entera (130 calorías)	Leche semidesnatada (92 calorías)	200 ml	38 calorías
Margarina de girasol (35 calorías)	Crema para untar de bajo contenido graso (20 calorías)	1 cucharadita	15 calorías
Queso (124 calorías)	Queso de grasa reducida (78 calorías)	30 g	46 calorías
Aceite de oliva (100 calorías)	Aceite en, espray (10 calorías)	El equivalente a una cucharada	90 calorías
Azúcar (16 calorías)	Edulcorante artificial (0 calorías)	El equivalente a una cucharada	16 calorías
Mayonesa (105 calorías)	Aliño sin grasa (10 calorías)	1 cucharada	95 calorías
Pan de molde normal (600 calorías)	Pan de molde de bajo contenido graso (350 calorías)	1 paquete	250 calorías
Refresco de cola (135 calorías)	Refresco de cola light (0 calorías)	1 lata	135 calorías
Galletas integrales de chocolate (270 calorías)	3 ciruelas (60 calorías)	3	210 calorías
Total de calorías evitadas			895 calorías

Controlar el estrés

Por regla general pensamos que el ingrediente básico para tener un corazón sano es seguir una dieta sana, pero eso es solo una parte de la receta.

En los años cincuenta, el profesor Ancel Keys afirmó que tanto la dieta como el estilo de vida desempeñaban un papel importante en la salud del corazón. Así pues, debemos tomarnos la vida con más calma y estresarnos menos.

Cuando estamos estresados, el cuerpo libera una cantidad adicional de hormona adrenalina en la sangre, y eso aumenta la presión sanguínea, el ritmo cardíaco y el flujo sanguíneo, y permite que entre más aire en los pulmones. Está claro que eso es importante en determinadas situaciones de peligro. Sin embargo, la mayoría de las situaciones estresantes que provocan esta reacción en el mundo contemporáneo —exceso de trabajo, exámenes, entrevistas de trabajo, problemas de relación, mudarse de casa o casarse— no nos obligan a escapar de ningún peligro. A pesar de ello muchos de nosotros estamos constantemente en «alerta roja», y por desgracia esta reacción por estrés sobrecarga enormemente el corazón, que debe trabajar más para bombear la sangre por el cuerpo más rápidamente. El estrés por sí solo no puede causar un ataque al corazón, pero si existe algún problema cardíaco subyacente, como la aterosclerosis, es más probable que acabemos teniendo problemas.

Otro aspecto importante que debemos tener en cuenta es que el estrés puede modificar nuestros hábitos alimenticios y alterar nuestro comportamiento frente al alcohol, el tabaco y el ejercicio físico. Así, por ejemplo, en épocas de estrés solemos fumar o beber más, hacemos menos ejercicio físico o comemos una gran cantidad de alimentos grasos y con mucho azúcar, y pocas frutas y verduras. Todo ello puede incrementan el número de factores que refuerzan el riesgo de padecer enfermedades coronarias, aumentando el colesterol sanguíneo y la presión sanguínea, o contribuyendo a un aumento de peso poco recomendable.

CONSEJOS BÁSICOS PARA COMBATIR EL ESTRÉS

- Hacer ejercicio físico con regularidad. Intenta dedicarle un mínimo de 30 minutos cinco veces a la semana.
- No te reprimas. Si tienes algún problema o preocupación, habla con alguien de la familia, un amigo o un compañero de trabajo.
- Considera la posibilidad de asistir a clases de relajación, con técnicas como el yoga o la meditación.
- Busca tiempo «para ti»: realiza alguna actividad relajante, como sumergirte en la bañera o leer tu revista favorita.
- Evita fumar o beber más alcohol. Lo normal es que acabe preocupándote y aumente tu nivel de estrés.
- Come de forma regular y no te saltes comidas. Un nivel bajo de azúcar en sangre puede hacer que te sientas cansado, irritable, hambriento e incluso menos capaz de enfrentarte a situaciones estresantes.
- Come muchos hidratos de carbono con féculas y ricos en fibra para que los niveles de azúcar en sangre se mantengan estables entre comidas.
- Bebe mucha agua. La deshidratación hace que nos cueste más concentrarnos y poner la atención en una tarea, de modo que resulta más difícil terminarla.
- Aprende a aprovechar más el tiempo y no tengas miedo a decir «no».
- Si estás extremadamente estresado, considera la posibilidad de recibir asistencia psicológica o de asistir a algún curso en el que enseñen a controlar el estrés.

La actividad física

Es importante hablar con el médico antes de iniciar la práctica de una actividad deportiva, especialmente si llevas tiempo sin realizar ningún ejercicio físico, has sufrido un ataque al corazón o una angina de pecho, o piensas que corres el riesgo de padecer una enfermedad coronaria.

Realizar alguna actividad física puede ayudar a reducir o controlar muchos de los factores de riesgo de las enfermedades coronarias.

Los estudios demuestran que las personas inactivas tienen el doble de posibilidades de sufrir un ataque al corazón que las que realizan algún tipo de ejercicio físico con regularidad. El ejercicio físico puede contribuir a disminuir la presión sanguínea, a reducir el ritmo cardíaco en reposo y a combatir el estrés (véase página 39). También puede ayudar a controlar el peso o a adelgazar si fuera necesario, y a disminuir el riesgo de desarrollar una diabetes del tipo 2 o a controlar la enfermedad. Además, realizar ejercicio físico con regularidad contribuye a aumentar los niveles de colesterol HDL o «bueno» y a disminuir los niveles de colesterol LDL o «malo» en el cuerpo.

Para sacarle el máximo partido debemos realizar 30 minutos de actividad entre moderada e intensa como mínimo cinco veces a la semana. Puedes andar con paso enérgico, correr, bailar, nadar o ir en bicicleta. No es necesario que llegues a sentirte exhausto; el ejercicio debe hacerte entrar en calor y conseguir que te falte un poco el aliento, pero debes ser capaz de hablar.

Si no has hecho nunca ejercicio físico es crucial que empieces despacio y que luego vayas aumentando poco a poco la duración y la intensidad de las actividades. Asimismo, es importante añadir movimiento en tu rutina del día a día. Los expertos recomiendan que demos 10.000 pasos al día. Quizás no te parezca mucho, pero esta cantidad equivale a una distancia de 8 kilómetros. Desgraciadamente, la mayoría de nosotros ni siquiera nos acercamos a esa cifra y damos solo unos 3.000 pasos al día. Quizás una buena idea sería comprarte un podómetro para saber cuántos pasos das. Fíjalo a una presilla del cinturón o la falda por la mañana y deja que cuente el número de pasos que das a lo largo del día. En cuanto tengas una idea de la cantidad media diaria, puedes ir aumentándola poco a poco hasta alcanzar la cifra de 10.000.

Métodos sencillos para realizar más ejercicio físico

- Olvídate del coche y ve andando hasta la tienda, el colegio o la oficina de correos.
- Entra en el aparcamiento del supermercado y aparca en el extremo más alejado de la entrada del edificio, para tener que andar más tanto en el camino de ida como en el de vuelta.
- No utilices nunca el ascensor ni las escaleras mecánicas: sube por las escaleras.
- Conecta el aparato de teléfono en el piso de arriba, para tener que subir las escaleras cuando suene o cuando quieras hacer una llamada.
- Ponte las zapatillas de deporte y aprovecha la hora de la comida para ir a dar un paseo de 30 minutos a paso enérgico.
- Deja de comprar y de realizar operaciones bancarias a través de internet; ve personalmente al supermercado, a las tiendas y al banco.
- En el trabajo, entrega personalmente los mensajes internos en lugar de enviarlos por e-mail o de usar el teléfono; y cuando te traigan algún paquete ve a buscarlo tú mismo en vez de mandar a alguien a por él.
- Lleva una vida social más activa. Por ejemplo, sustituye las noches de copas y las cenas en restaurantes por una sauna y unos largos en la piscina, o por unas clases de baile o una visita a la bolera.
- Convierte el ejercicio físico en una actividad familiar divertida: organiza una salida familiar a la playa o en bicicleta, un partido de fútbol o de disco volador en el parque, o prepara un picnic y sal a dar un paseo por el campo.
- Apaga el televisor y haz algo más activo: desenterrar la alfombra de baile o jugar al Twister hará trabajar más a tu corazón que quedarte embobado frente a la pantalla.

Es importante realizar unos 30 minutos de actividad entre moderada e intensa como mínimo cinco veces a la semana. Puedes andar con paso enérgico, correr, bailar, nadar o ir en bicicleta.

comidas ligeras

Valores nutricionales
231 kcal
Grasa 7,7 g
Grasas saturadas 1,6 g
Azúcares 6,1 g
Sal 0,6 g

Tiempo de preparación
30 minutos
Tiempo de cocción
56 minutos
Raciones
4

CONSEJO NUTRICIONAL
En vez de comprar el aceite en spray confecciónala reciclando una botella pulverizadora: lávala bien y llénala de aceite de oliva; o compra un pulverizador de plástico pequeño. El aceite en spray también es ideal para las patatas asadas.

Sopa de tomate, lentejas y comino

Esta sopa de sabor intenso y especiado lleva comino y chile en polvo. Si no encuentras chile en polvo utiliza un poco de delicioso pimentón, que sí se encuentra sin problemas en los supermercados.

1 cucharada de aceite de girasol

1 cebolla, picada fina

2 dientes de ajo, picados finos

1 ½ cucharaditas de semillas de comino, ligeramente trituradas

1 cucharadita de chile en polvo o pimentón

375 g de tomates, troceados

100 g de lentejas rojas

1,2 litros de caldo vegetal con poca sal

Pimienta

Picatostes
75 g de pan integral de sésamo, en dados

Un poco de chile en polvo o pimentón

1 Calentar el aceite en una sartén, añadir la cebolla y freír durante 5 minutos o hasta que esté blanda y empezando a dorarse. Añadir el ajo, el comino y el chile o el pimentón y dejar cocer durante 1 minuto.

2 Incorporar los tomates, las lentejas, el caldo y un poco de pimienta y llevar a ebullición. Remover bien, tapar y dejar cocer a fuego lento durante 45 minutos o hasta que las lentejas estén tiernas.

3 Mientras tanto preparar los picatostes. Colocar el pan en una bandeja de horno, rociar con el aceite en spray y luego espolvorear con chile o pimentón. Hornear en el horno precalentado a 200 ºC durante 5 minutos o hasta que esté dorado y crujiente.

4 Servir la sopa en cuencos y echar por encima los picatostes.

Valores nutricionales
160 kcal
Grasa 4,8 g
Grasas saturadas 1,3 g
Azúcares 10,8 g
Sal 0,4 g

Tiempo de preparación
20 minutos
Tiempo de cocción
15 minutos
Raciones
4

CONSEJO NUTRICIONAL
Si no sigues una dieta baja en colesterol puedes sentir la tentación de añadir mantequilla y un poco de nata, pero realmente no hace ninguna falta. No digas nada y nadie se dará cuenta.

Sopa de puerro y berro al jengibre

Esta sopa con una pizca de jengibre le da un toque exquisito. Sírvela a modo de almuerzo ligero con un poco de pan de cereales recubierto de requesón o como entrante antes de un plato de pescado a la parilla o cocinado al vapor.

2 puerros, de unos 400 g en total, bien lavados y cortados

1 cucharada de aceite de oliva

1 patata, de unos 175 g, cortada en dados pequeños

Un trozo de unos 3,5 cm de jengibre fresco, picado fino

85 g de berros

600 ml de caldo vegetal con poca sal

450 ml de leche desnatada

4 cucharadas de yogur natural desnatado

Pimienta

1 Cortar los puerros en rodajas gruesas, guardando por separado las rodajas blancas de las verdes.

2 Calentar el aceite en una cazuela mediana, añadir las rodajas de puerro blancas, la patata y el jengibre, y freír a fuego lento, removiendo de vez en cuando, unos 5 minutos o hasta que las verduras estén blandas, pero no doradas.

3 Añadir las rodajas de puerro verdes, el berro, el caldo y un poco de pimienta, y llevar el caldo a ebullición. Tapar y dejar cocer a fuego lento durante 10 minutos, hasta que las verduras estén tiernas sin que el berro haya perdido su color verde intenso.

4 Pasar la mezcla a un robot de cocina o una batidora en varias veces; triturar hasta obtener una crema uniforme y luego devolverla a la cazuela. Incorporar la leche y volver a calentar la sopa.

5 Servirla en cuencos. Añadir una cucharada de yogur a cada uno y remover ligeramente con una cuchara.

Valores nutricionales

104 kcal
Grasa 3,1 g
Grasas saturadas 1 g
Azúcares 4,6 g
Sal 0,7 g

Tiempo de preparación
25 minutos

Tiempo de cocción
36 minutos

Raciones
6

CONSEJO NUTRICIONAL

Mejorar tu dieta con alimentos ricos en fibra soluble, como las judías de lata, puede ayudar a reducir el colesterol sanguíneo. La fibra se une al colesterol y evita que éste sea reabsorbido por la sangre.

Sopa de calabaza y judías pintas

Esta sopa de invierno, está condimentada con una mezcla de especias de Oriente Medio entre las que se encuentran el hinojo, el cilantro y el clavo. Se tritura solo ligeramente, para que tenga una textura más grumosa. Sírvela con pan de cereales caliente.

1 cucharada de aceite de girasol

1 cebolla, picada fina

2 dientes de ajo, picados finos (opcional)

1 cucharadita de semillas de hinojo, ligeramente trituradas

1 cucharadita de semillas de cilantro, ligeramente trituradas

½ cucharadita de cúrcuma

½ cucharadita de jengibre molido

½ cucharadita de clavo molido

1 calabaza pequeña, unos 625 g, pelada, sin semillas y cortada en dados

410 g de judías pintas de lata

1,3 litros de caldo vegetal bajo en sal

Pimienta

Un manojo pequeño de cilantro fresco, para adornar

1 Calentar el aceite en una cazuela, añadir la cebolla y freírla durante 5 minutos o hasta que se ablande y empiece a dorarse. Incorporar el ajo y las especias y cocer durante 1 minuto.

2 Añadir la calabaza, las judías escurridas, el caldo y un poco de pimienta. Llevar a ebullición, remover bien, tapar y dejar cocer a fuego lento durante 30 minutos.

3 Pasar la mezcla al robot de cocina o a una batidora en varias veces. Triturarla ligeramente, de modo que puedan verse motas rojizas de las judías. Pasarla de nuevo a la cazuela y volverla a calentar.

4 Servir la sopa en cuencos y adornarla con unas hojas de cilantro.

Valores nutricionales
258 kcal
Grasa 12,3 g
Grasas saturadas 2,5 g
Azúcares 18,7 g
Sal 0,9 g

Tiempo de preparación
15 minutos
Tiempo de cocción
23-24 minutos
Raciones
4

CONSEJO NUTRICIONAL
Los frutos secos contienen mucha grasa, aunque es en su mayor parte grasa insaturada, es decir beneficiosa para el corazón.

Sopa de anacardos y coliflor al curry

La coliflor es una verdura a menudo subestimada. Baja en calorías, puede transformarse en una sopa muy sabrosa gracias a las especias hindús. Esta sopa es lo bastante fácil y rápida de hacer para prepararla entre semana.

1 cucharada de aceite de girasol

1 cebolla, picada fina

4 cucharaditas de pasta de curry suave

50 g de anacardos

1 coliflor, de unos 500 g una vez quitadas las hojas y tallos gordos, cortada en ramilletes

600 ml de caldo vegetal con poca sal

450 ml de leche desnatada

Pimienta

Para adornar
4 cucharadas de yogur natural desnatado

4 cucharaditas de chutney de mango

1 Calentar el aceite en una cazuela mediana, añadir la cebolla y freírla durante 5 minutos o hasta que se ablande y esté justo empezando a coger color. Añadir la pasta de curry y tres cuartas partes de los anacardos; freír durante 1 minuto.

2 Reservar algunos ramilletes pequeños de coliflor para adornar y agregar el resto a la cazuela junto con el caldo y un poco de pimienta. Llevar a ebullición, remover bien, tapar y dejar cocer a fuego lento durante 15 minutos o hasta que la coliflor esté en su punto.

3 Triturar la sopa en varias veces con una batidora o un robot de cocina y volver a ponerla en la cazuela. Incorporar la leche y volver a calentar a fuego lento.

4 Freír en seco los anacardos restantes y los ramilletes de coliflor, que has reservado, durante 2 o 3 minutos o hasta que adquieran un tono tostado.

5 Servir la sopa en cuencos, añadir el yogur y el chutney y remover; poner por encima los anacardos y la coliflor tostada.

Valores nutricionales
199 kcal
Grasa 6,6 g
Grasas saturadas 1,4 g
Azúcares 11,3 g
Sal 0,9 g

Tiempo de preparación
30 minutos
Tiempo de cocción
53-55 minutos
Raciones
4

CONSEJO NUTRICIONAL
Las berenjenas suelen freírse con gran cantidad de aceite antes de añadirlas a las sopas o guisos. Si las asas a la parrilla enteras sabrán mejor y necesitarás menos aceite.

Sopa de berenjena asada

Esta sopa ligera y saludable se prepara con berenjenas asadas a la parrilla, en vez de fritas, para que conserven todo el sabor; luego se cuece con setas, cebollas y limones. La sopa, de inspiración griega, se acompaña con picatostes de aceituna.

1 berenjena de unos 300 g en total

1 cucharada de aceite de oliva

1 cebolla, picada fina

250 g de champiñones tiernos, cortados en rodajas

2 dientes de ajo, picados finos

25 g de arroz blanco de grano largo

600 ml de caldo vegetal con poca sal

600 ml de leche desnatada

La piel rallada de 1 limón, y el resto del limón cortado en gajos

Pimienta

Para acompañar:
4 rebanadas de pan de barra o molde integral, que pesen 65 g en total

25 g de aceitunas negras sin hueso

Un ramillete pequeño de romero

1 cucharadita de aceite de oliva

1 Pinchar la berenjena con un tenedor 2 o 3 veces, justo debajo del tallo. Asarla bajo el grill precalentado durante 20 o 25 minutos; darle la vuelta varias veces hasta que se ablande por dentro y la piel se carbonice. Dejar que se enfríe un poco.

2 Freír la cebolla en una cazuela mediana durante 5 minutos o justo hasta que empiece a dorarse. Incorporar los champiñones y el ajo y freír durante 3 minutos. Incorporar el arroz, el caldo y un poco de pimienta y llevar a ebullición.

3 Cortar la berenjena por la mitad y retirar con una cuchara la carne blanda. Cortarla en trozos e incorporarla al caldo.

4 Tapar la cazuela y cocer a fuego lento durante 30 minutos. Dejar enfriar un poco, triturar la sopa con un robot de cocina o una batidora hasta obtener una mezcla uniforme. Incorporar la leche y la ralladura de limón y calentar.

5 Tostar el pan. Trocear las aceitunas junto con el romero. Mezclar con el aceite pimienta; extender dicha mezcla sobre las tostadas.

6 Servir la sopa en cuencos con una tostada. Poner aparte gajos de limón, para que lo añada cada comensal.

Valores nutricionales
397 kcal
Grasa 8,9 g
Grasas saturadas 3,5 g
Azúcares 9,1 g
Sal 0,8 g

Tiempo de preparación
15 minutos
Tiempo de cocción
20 minutos
Raciones
4

CONSEJO NUTRICIONAL
Si utilizas carne picada de ternera extra magra reducirás las grasas de este plato. En 100 g de carne picada normal hay 16,2 g de grasa y 7,1 g de grasa saturada, mientras que en 100 g de extra magra hay solo 9,6 g de grasa y 4,2 g de grasa saturada.

Tacos mexicanos de ternera

¿Estás harto de los sándwiches? Prueba estos tacos de carne picada de ternera extra magra recubierta de refrescante yogur natural, sazonada con chile, comino y pimentón, y acompañada de lechuga espolvoreada con cilantro.

300 g de carne picada de ternera extra magra

1 cebolla, picada fina

1 cucharadita de semillas de comino, ligeramente trituradas

1 cucharadita de pimentón

½ - 1 cucharadita de chile en polvo, al gusto

8 tortitas de harina blandas, 320 g en total

200 g de yogur natural desnatado

½ lechuga iceberg pequeña, cortada en tiras

2 tomates, cortados en dados

Un manojo pequeño de hojas de cilantro fresco, cortadas en trozos grandes

1 Freír en seco la carne picada y la cebolla, en una sartén antiadherente, durante 10 minutos a fuego medio bajo, removiendo y deshaciendo la carne con una cuchara de madera hasta que esté uniformemente dorada.

2 Incorporar el comino y las especias trituradas; cocer durante 10 minutos más, hasta que la carne esté hecha por dentro.

3 Calentar las tortitas siguiendo las instrucciones del envase. Separarlas y repartir la carne entre ellas. Poner encima de la carne una cucharada de yogur, otra de lechuga, otra de tomate y un poco de cilantro. Enrollar bien la tortita y servirla de inmediato.

Valores nutricionales
199 kcal
Grasa 7,1 g
Grasas saturadas 1,9 g
Azúcares 4,3 g
Sal 0,5 g

Tiempo de preparación
15 minutos
Tiempo de cocción
3 minutos
Raciones
4

CONSEJO NUTRICIONAL
Es importante reducir la ingesta de grasas saturadas, pero para tener el corazón sano y una buena circulación, el cuerpo necesita las grasas monoinsaturadas del aceite de oliva y los ácidos grasos omega-3 del pescado azul.

Ensalada de lentejas y sardinas

Disfruta de esta sabrosa ensalada en casa, pero si hace buen tiempo, cómala fuera: pon la mezcla de sardinas en un envase de plástico y las hojas en una bolsa de plástico o en otro envase, y júntalo todo cuando llegue la hora de comer.

100 g de guisantes congelados

2 latas de 120 g de sardinas con tomate, sin piel ni espinas

410 g de lentejas verdes de bote, lavadas y escurridas

Un trozo de 5 cm de pepino, cortado en dados

1 cebolla roja pequeña, picada

Un manojo pequeño de hojas de menta

La piel rallada y el zumo de un limón

1 lechuga romana, con las hojas separadas

Pimienta

1 Cocer los guisantes en una cazuela de agua hirviendo durante 3 minutos o en el microondas a máxima potencia durante 1 minuto y medio.

2 Desmenuzar las sardinas en trozos medianos y ponerla en una ensaladera grande con su propio jugo. Añadir las lentejas, los guisantes escurridos, el pepino y la cebolla. Trocear las hojas de menta y agregarlas a la ensalada con la ralladura y el zumo de limó, y un poco de pimienta. Remover bien.

3 Colocar las hojas de lechuga en los platos y con una cuchara servir la ensalada de sardinas encima.

Valores nutricionales
344 kcal
Grasa 13,5 g
Grasas saturadas 2,5 g
Azúcares 9,3 g
Sal 1 g
Fibra

Tiempo de preparación
20 minutos
Tiempo de cocción
10 minutos
Raciones
4

CONSEJO NUTRICIONAL
Tanto el aceite de oliva como los aguacates contienen gran cantidad de ácidos grasos monoinsaturados, que ayudan a reducir el colesterol LDL o «malo» mientras que mantienen los niveles de colesterol HDL o «bueno».

Hummus de pimiento y aguacate

Este apetitoso plato puedes servirlo con rábanos picantes, tomates cherry o tiras de pan tostado, o bien, untar con el hummus unos panecillos integrales y adornarlos con unas hojas de ensalada verdes.

2 cucharadas de semillas de sésamo

1 chile rojo, sin semillas y picado fino

410 g de garbanzos de bote, escurridos

1 aguacate maduro, partido por la mitad, sin hueso y pelado

El zumo de un limón

2 dientes de ajo, picados finos

100 g de yogur natural desnatado

Pimienta

Un poco de pimentón, para adornar

Para acompañar:
4 piezas de pan de pitta integral, tostadas

1 pimiento rojo, sin semillas y cortado en tiras

¼ de pepino, cortado en tiras

1 zanahoria grande, cortada en tiras

1 Freír en seco las semillas de sésamo en una sartén, justo hasta que empiecen a dorarse. Pasarla a una batidora o robot de cocina, añadir el chile y los garbanzos y mezclar bien.

2 Añadir la carne del aguacate a los garbanzos junto con el zumo de limón, el ajo, el yogur y un poco de pimienta. Triturar hasta obtener una mezcla homogénea.

3 Colocar el hummus en un cuenco profundo y éste sobre una bandeja o plato grande. Espolvorear con un poco de pimentón.

4 Calentar el pan de pitta en el grill o freírlo en seco en una sartén acanalada precalentada, hasta que esté caliente e hinchado. Cortarlo en tiras y distribuirlo alrededor del hummus junto con el resto de verduras. Servir antes de que transcurran más de 30 minutos o el aguacate perderá el color.

Valores nutricionales
225 kcal
Grasa 14,7 g
Grasas saturadas 3 g
Azúcares 19,5 g
Sal 0,2 g
Fibra

Tiempo de preparación
20 minutos, más el tiempo para marinar

Raciones
4

CONSEJO NUTRICIONAL
Tanto los tomates como el pomelo rojo contienen grandes cantidades de licopene, un antioxidante que se asocia con el buen estado de salud del corazón.

Ensalada de aguacate y melón

Esta mezcla intensa y refrescante de melón, tomates, pepino y aguacate se espolvorea con cilantro troceado, aunque si tienes menta fresca en el jardín, puedes añadir un poco en vez del cilantro.

1 pomelo rojo

1 melón galia, partido por la mitad, sin pepitas y pelado

¼ de pepino

3 tomates

Un manojo pequeño de cilantro fresco, cortado en trozos grandes

2 aguacates

1 Con un cuchillo pequeño de sierra cortar la parte inferior y superior del pomelo y luego pelar el resto del fruto. Sujetar el pomelo sobre un cuenco y cortar la membrana para separar los gajos. Exprimir el zumo de la membrana.

2 Cortar el melón en dados grandes, y el pepino y los tomates en dados más pequeños. Añadirlos al pomelo junto con el cilantro y remover bien. Dejar aparte durante 30 minutos para que los sabores se mezclen.

3 Justo antes de servir la ensalada, cortar los aguacates por la mitad y retirar los huesos. Pelar y cortar la carne en dados, añadirla a la ensalada y remover bien. Repartir la ensalada en platos poco profundos y servir.

Valores nutricionales

298 kcal

Grasa 10,5 g

Grasas saturadas 1,6 g

Azúcares 5 g

Sal 0,5 g

Tiempo de preparación

15 minutos

Tiempo de cocción

12 minutos

Raciones

4

CONSEJO NUTRICIONAL

Al procesar y envasar el atún se destruyen sus grasas omega-3, de modo que solo el atún fresco puede considerarse pescado azul. Sin embargo, el atún en conserva puede ser una de las dos raciones semanales de pescado recomendadas.

Ensalada de pasta con atún

Esta sustanciosa ensalada es fácil y rápida de preparar. Además aguanta bien, por lo que resulta ideal para llevarla al trabajo o a un picnic familiar. Compra latas de atún al natural, en vez de en aceite o salmuera.

175 g de pasta integral

100 g de maíz dulce congelado

3 cucharadas de aceite de oliva

El zumo de un limón

1 cucharadita de concentrado de tomate

1-2 dientes de ajo, picados finos (opcional)

Un manojo pequeño de albahaca, cortado en pedazos

200 g de atún envasado al natural, escurrido y desmenuzado

3 tomates, de unos 200 g en total, cortados en dados

1 pimiento verde, sin semillas y cortado en dados

Pimienta

1 Llevar a ebullición una olla llena de agua, echar la pasta y cocer durante 8 minutos. Añadir el maíz y cocer durante otros 2 minutos, hasta que la pasta esté tierna.

2 Mientras tanto, preparar el aliño: mezclar en una ensaladera el aceite, el zumo de limón, el concentrado de tomate, el ajo (si utilizas) y la albahaca; sazonar con pimienta. Escurrir la pasta y removerla con el aliño hasta que quede todo bien mezclado.

3 Incorporar el atún, los tomates y el pimiento verde. Servir la ensalada en cuencos.

Valores nutricionales

399 kcal

Grasa 20,7 g

Grasas saturadas 4 g

Azúcares 13,3 g

Sal 1,3 g

Tiempo de preparación

15 minutos

Raciones

4

CONSEJO NUTRICIONAL

No añadas nada de aceite: los granos de cuscús quedan suficientemente ligeros y separados sin él.

Ensalada de cuscús al curry

Si estás harto de comerte a la carrera un par de bocadillos sin levantarte de tu mesa de trabajo, prepara esta sabrosa ensalada la noche antes, guárdala en la nevera en fiambreras de plástico individuales y llévate una al trabajo en una bolsita isotérmica.

El zumo de una naranja

2 cucharaditas de pasta de curry suave

200 g de cuscús

50 g de pasas sultanas

300 ml de agua hirviendo

250 g de filetes de caballa ahumada

1 cebolla roja pequeña, picada fina

½ pimiento rojo, sin semillas y cortado en dados

2 tomates, cortados en dados

Un manojo pequeño de cilantro fresco, cortado en trozos grandes

Pimienta

1 Mezclar el zumo de naranja y la pasta de curry en un cuenco mediano con un tenedor. Añadir el cuscús, las pasas sultanas y un poco de pimienta; luego agregar el agua hirviendo y remover con el tenedor. Dejar reposar durante cinco minutos.

2 Retirar la piel de los filetes de caballa y desmenuzar la carne en trozos grandes, desechando las posibles espinas.

3 Añadir al cuscús la caballa, la cebolla, el pimiento rojo y los tomates y mezclar ligeramente. Espolvorear con el cilantro y servir en los platos.

Valores nutricionales
282 kcal
Grasa 3,5 g
Grasas saturadas 1,1 g
Azúcares 7,2 g
Sal 1,2 g
Fibra

Tiempo de preparación
15 minutos
Tiempo de cocción
5 minutos
Raciones
4

CONSEJO NUTRICIONAL
Para comer menos grasa, retira la piel del pollo antes de cocinarlo. Así la grasa que hay en la piel no se fundirá con la carne y no tendrás la tentación de comértela.

Sándwich de pollo marinado

Para dar sabor al pollo sin usar sal puedes marinar brevemente los trozos en un poco de vinagre balsámico.

250 g de mini filetes de pechuga de pollo

8 cucharaditas de vinagre balsámico

8 rebanadas de pan de cereales

6 cucharadas de yogur natural desnatado

½-1 cucharadita de rábano picante fresco rallado o de salsa de rábano, al gusto

100 g de hojas de ensalada variadas con tiras de remolacha

Pimienta

1 Meter los filetes de pollo en una bolsa de plástico con la mitad del vinagre; sacudir para que se empape bien.

2 Calentar una sartén antiadherente, sacar el pollo de la bolsa con un tenedor y meter los trozos en la sartén. Freírlos durante 3 minutos. Darles la vuelta y rociarlos con el vinagre de la bolsa. Cocerlos durante otros 2 minutos o hasta que se doren y estén hechos por dentro.

3 Tostar ligeramente el pan por ambas caras. Cortar el pollo en tiras largas y repartirlo sobre cuatro rebanadas tostadas. Mezclar el yogur, el rábano y un poco de pimienta al gusto. Añadir las hojas de ensalada y remover.

4 Con una cuchara verter el yogur y las hojas de ensalada por encima del pollo, rociar con el vinagre restante, si se desea, y tapar con las cuatro tostadas restantes. Cortar los sándwiches por la mitad y servirlos de inmediato.

Valores nutricionales
142 kcal
Grasa 1,6 g
Grasas saturadas 0,7 g
Azúcares 11,1 g
Sal 0,8 g

Tiempo de preparación
15 minutos
Tiempo de cocción
4 minutos
Raciones
4

CONSEJO NUTRICIONAL
Las granadas son una fuente rica en antioxidantes, especialmente en polifenoles, que según parece ayudan a reducir el colesterol LDL o «malo». Además contienen vitaminas antioxidantes A, C y E.

Tostadas de queso con ensalada de frambuesas

Con unas cuantas frambuesas frescas, unas cuantas semillas de granada y unas tostadas con requesón puedes transformar una simple ensalada en un plato ligero y muy exótico.

125 g de hojas de ensalada variadas, incluidas unas cuantas de red chard (variedad oriental)

½ cebolla roja, troceada fina

100 g de frambuesas frescas

2 cucharadas de vinagre balsámico

1 granada

8 rebanadas de pan francés integral, unos 75 g en total

250 g de queso fresco de bajo contenido graso

Un poco de pimentón

1 Poner las hojas de ensalada en un cuenco con la cebolla y las frambuesas. Rociar con el vinagre y remover ligeramente.

2 Cortar la granada en cuatro trozos; desprender las semillas empujando la piel. Espolvorear la ensalada con la mitad de las semillas y luego repartir la ensalada en cuatro platos.

3 Tostar el pan por ambas caras y colocar una rebanada en el centro de cada plato. Mezclar las semillas de granada restantes con el queso fresco. Colocar una cucharada de queso sobre la tostada y espolvorearla con un poco de pimentón.

fl oz
32
28
24
20
imperial pint
1½
1¼
1
¾
fl.oz
30
25
20
15

almuerzos y cenas

Valores nutricionales
400 kcal
Grasa 3,4 g
Grasas saturadas 0,9 g
Azúcares 15 g
Sal 0,3 g

Tiempo de preparación
30 minutos, más el tiempo para marinar
Tiempo de cocción
35-42 minutos
Raciones
4

CONSEJO NUTRICIONAL
No es verdad que solo pueda marinarse con aceite. En esta receta se marina con zumo de piña, pero también sirve el zumo natural de naranja, limón y lima mezclado con especias. En vez de pavo puedes usar pechuga de pollo sin piel o tofu.

Pinchos de pavo a la caribeña

Estos veraniegos pinchos de pavo, frescos, afrutados y con todo el sabor del Caribe, están condimentados con zumo de piña y especias. Se sirven con una salsa hecha con piña, tomate y maíz dulce, aromatizada con un poco de chile, jengibre y cilantro fresco.

220 g de piña en conserva con zumo natural

1 cucharada de ketchup

1 cucharadita de pimentón

½ cucharadita de canela molida

Una pizca de pimienta molida

4 filetes de pechuga de pavo deshuesados y sin piel, de unos 500 g en total, cortados en dados

2 tomates, cortados en dados

100 g de maíz dulce congelado, descongelado

½ guindilla roja, sin semillas y picada fina (opcional)

Un trozo de jengibre fresco de 1,5 cm, picado fino

Un manojo pequeño de cilantro fresco, cortado en trozos grandes

200 g de arroz integral de cocción rápida

1 pimiento rojo, sin semillas y cortado en trozos

1 pimiento naranja, sin semillas y cortado en trozos

1 Escurrir la piña y poner 4 cucharadas del zumo en un cuenco. Incorporar el ketchup y las especias al zumo, añadir los trozos de pavo y remover. Dejarlo marinar como mínimo 30 minutos.

2 Mientras tanto, preparar la salsa. Cortar las rodajas de piña en trozos finos y colocarlos en un cuenco junto con los tomates y el maíz. Añadir la guindilla (si se usa), el jengibre y la mitad del cilantro, y remover.

3 Echar el arroz integral en una olla de agua hirviendo y cocerlo durante 25 o 30 minutos o hasta que esté tierno.

4 Ensartar los trozos de pimiento en 12 pinchos de metal o madera, y luego ensartar el pavo. Espolvorear con el cilantro restante. Asar los pinchos bajo el grill precalentado y bien caliente durante 10 o 12 minutos, girándolos varias veces para que queden bien dorados y el pavo esté hecho por dentro.

5 Escurrir el arroz y repartirlo en platos, colocar los pinchos encima y rociarlos con la salsa.

Valores nutricionales
435 kcal
Grasa 20,6 g
Grasas saturadas 5,7 g
Azúcares 15,1 g
Sal 0,4 g

Tiempo de preparación
30 minutos
Tiempo de cocción
Alrededor de 1 hora y 20 minutos
Raciones
4

CONSEJO NUTRICIONAL
Cuando cocines un pollo entero, elimina toda la grasa visible bajo la piel. Encontrarás exceso de grasa alrededor del cuello: retírala y deséchala.

Pollo asado al jarabe de arce

En este asado casero las verduras se cuecen junto con el pollo. Las patatas se asan con sidra y hojas de laurel, en vez de con grandes cantidades de aceite, y luego se glasean con jarabe de arce.

Un pollo listo para el horno, de 1,3 kg, lavado y seco

4 hojas de laurel

2 cebollas, cortadas en rodajas

2 manzanas cox, sin el corazón y partidas en cuatro trozos

2 chirivías, que pesen unos 325 g en total, cortadas en rodajas finas

400 g de patatas nuevas, peladas y, si son grandes, cortadas por la mitad

300 ml de sidra

4 cucharaditas de jarabe de arce

300 ml de caldo vegetal con poca sal

Unas gotas de salsa negra (opcional)

Pimienta

1 Poner el pollo en una bandeja, meter dos hojas de laurel en el interior y espolvorearlo con un poco de pimienta. Cubrir el pollo con film transparente no demasiado tirante, disponerlo en una bandeja de horno con rejilla metálica y asarlo en el horno precalentado, a 190 ºC, durante 40 minutos.

2 Sacar la rejilla y eliminar toda la grasa del pollo. Colocar en la bandeja la cebolla, las manzanas, las chirivías, las patatas y las hojas de laurel restantes. Verter la sidra, agregar por encima el jarabe de arce y espolvorear con un poco más de pimienta. Asar durante 30 o 40 minutos, hasta que las verduras y el pollo estén dorados.

3 Pasar el pollo y las verduras a una fuente. Verter el caldo en la bandeja del horno. Llevarlo a ebullición y dejarlo cocer durante 3 o 4 minutos. Incorporar unas gotas de salsa negra para oscurecer (si se usa) y luego colarlo sobre una salsera.

Valores nutricionales
306 kcal
Grasa 7 g
Grasas saturadas 1,4 g
Azúcares 9,7 g
Sal 0,5 g

Tiempo de preparación
20 minutos
Tiempo de cocción
Unas 2 horas y cuarto
Raciones
4

CONSEJO NUTRICIONAL
La mayor parte de la grasa del pollo se encuentra en la piel, así que elimínala siempre antes de meterlo en la cazuela.

Pollo al horno

Los ingredientes de este plato de estilo escocés se cuecen juntos en la misma cazuela. El secreto está en cocinarlo a fuego lento, sin prisas, de modo que no te preocupes si te retrasas un poco en retirar la tapa tal y como se indica en el quinto paso.

4 muslos de pollo grandes sin piel, que pesen unos 625 g en total

1 cucharada de aceite de girasol

1 puerro pequeño, de unos 150 g, lavado y cortado en rodajas

1 cucharada de harina

450 ml de caldo vegetal con poca sal

1 cucharadita de mostaza inglesa

200 g de zanahoria, cortada en dados

175 g de nabo sueco, cortado en dados

150 g de chirivía, cortada en dados

2-3 ramas de romero

500 g de patatas, cortadas en rodajas finas

Pimienta

1 Lavar el pollo con agua fría, escurrirlo bien y retirar la piel. Calentar el aceite en una sartén, añadir el pollo y freírlo a fuego máximo durante 5 minutos, dándole la vuelta para que quede dorado por todos lados.

2 Meter los trozos de pollo en una fuente refractaria de 2,5 litros de capacidad. Poner el puerro en la sartén y cocerlo a fuego lento durante 5 minutos o hasta que se ablande y empiece a dorarse.

3 Incorporar la harina y luego, poco a poco, el caldo, la mostaza y un poco de pimienta. Llevar a ebullición.

4 Añadir las verduras cortadas en dados a la fuente junto con el romero. Verter por encima el caldo caliente y cubrir con las patatas, superponiendo ligeramente unas rodajas a otras y presionándolas para que queden por debajo del caldo. Tapar la fuente y meterla en el horno precalentado, a 160 ºC, durante una hora y media.

5 Retirar la tapa y dejar cocer durante 30 minutos más o hasta que las patatas estén doradas. Servir en platos llanos con judías verdes y brócoli cocidos al vapor.

Valores nutricionales
410 kcal
Grasa 3,7 g
Grasas saturadas 1,1 g
Azúcares 8,1 g
Sal 0,3 g

Tiempo de preparación
10 minutos
Tiempo de cocción
20 minutos
Raciones
4

CONSEJO NUTRICIONAL
Se cree que el vino tinto en pequeñas cantidades puede reducir el riesgo de sufrir enfermedades cardíacas, pues contiene flavonoides. Pero eso solo afecta a hombres mayores de 40 años y mujeres posmenopáusicas.

Pollo a la cazadora

Si piensas en un plato de pasta lo primero que te vendrá a la cabeza serán las salsas, bañadas en aceite de oliva o con mucha mantequilla. Esta receta lleva pechugas de pollo con poca grasa, tomates diminutos y rodajas de cebolla, y está regada con una salsa de vino tinto y vinagre balsámico.

4 pechugas de pollo deshuesadas y sin piel, de unos 125 g cada una

500 g de tomates cherry, partidos por la mitad

1 cebolla roja, cortada en láminas

2 dientes de ajo, picados finos

2-3 ramas de romero, cortadas en trozos

6 cucharadas de vino tinto

2 cucharadas de vinagre balsámico

250 g de espaguetis

2 cucharadas de queso curado de bajo contenido graso, rallado (opcional)

Pimienta

1 Poner las pechugas de pollo en un colador, lavarlas con agua fría y escurrirlas bien. Colocar el pollo en una fuente refractaria grande formando una sola capa. Añadir los tomates y la cebolla, y espolvorear con el ajo y el romero. Rociar con el vino y el vinagre, y sazonar con un poco de pimienta.

2 Meter la fuente en el horno precalentado, a 220 ºC, durante 20 minutos o hasta que la cebolla y el pollo estén dorados.

3 A mitad de la cocción, llevar a ebullición una olla grande llena de agua, añadir la pasta y cocerla durante 8 o 10 minutos, hasta que esté al dente.

4 Escurrir la pasta y volver a ponerla en la olla. Cortar el pollo en tiras e incorporarlo a la pasta junto con la cebolla, los tomates y el jugo de la fuente. Remover y servir en los cuencos. Espolvorear con un poco de romero y poner encima un poco de queso rallado, si se usa.

Valores nutricionales
381 kcal
Grasa 8,6 g
Grasas saturadas 2,8 g
Azúcares 8,4 g
Sal 0,5 g

Tiempo de preparación
20 minutos
Tiempo de cocción
Unas 2 horas y cuarto
Raciones
4

CONSEJO NUTRICIONAL
La cebada es una buena fuente de fibra soluble, que ayuda a disminuir el colesterol. Además, estabiliza el nivel de azúcar en la sangre, lo cual evita la sensación de hambre entre comidas y a los tentempiés grasos y azucarados.

Guiso de ternera y cebada

Esta receta reconfortante, contiene una gran cantidad de fibra. Resulta ideal si se sirve con coles de Bruselas y puré de nabo sueco. Puedes sustituir el vino tinto y el ajo por un poco de cerveza o simplemente añadir un poco más de caldo.

1 cucharada de aceite de oliva

500 g de ternera magra para guisar, cortada en dados y sin grasa

1 cebolla, picada

2 dientes de ajo, picados finos

1 cucharada de harina

200 ml de vino tinto

900 ml de caldo vegetal con poca sal

100 g de cebada perlada

300 g de zanahorias, cortadas en trozos

1 cucharada de concentrado de tomate

1 ramillete de hierbas

Pimienta

1 Calentar el aceite en una cazuela; añadir la ternera, en tandas, y luego incorporar la cebolla. Freír a fuego máximo durante 5 minutos o hasta que esté dorada. Agregar el ajo y cocer durante 1 minuto.

2 Incorporar la harina; luego verter el vino y 600 ml de caldo. Añadir la cebada perlada, las zanahorias, el concentrado de tomate, las hierbas y un poco de pimienta. Remover bien.

3 Tapar la cazuela y meterla en el horno precalentado, a 180 ºC, durante 2 horas, hasta que la ternera y la cebada estén tiernas y la cebada haya absorbido la mayor parte del caldo. Media hora antes de terminar cocción, remover y añadir el caldo restante al gusto.

4 Repartir el guiso en cuencos poco profundos y servir tal cual, o con unas coles de Bruselas o judías verdes y puré de nabo sueco.

Valores nutricionales

450 kcal

Grasa 21,6 g

Grasas saturadas 8,1 g

Azúcares 15,9 g

Sal 1,3 g

Tiempo de preparación

45 minutos

Tiempo de cocción

Aproximadamente 1 hora y 10 minutos

Raciones

4

CONSEJO NUTRICIONAL

En vez de preparar la bechamel típica hecha con harina, mantequilla y leche entera puedes confeccionar una salsa blanca con leche desnatada y maicena; es más fácil de hacer y además contiene menos grasa y menos grasas saturadas.

Lasaña

No tienes por qué eliminar este delicioso plato italiano de tu dieta, sobre todo si usas ingredientes poco grasos y mucho pimiento y calabacín. Sírvela con una ensalada verde aliñada con vinagre balsámico o zumo de limón.

9 láminas de lasaña, 175 g

Salsa de carne:

2 cucharadas de aceite de oliva

300 g de carne picada de ternera extra magra

1 cebolla, picada

1 pimiento y medio, sin semillas, cortados en dados

125 g de calabacín, picados en dados

2 dientes de ajo, picados finos

400 g de tomates troceados

200 ml de caldo vegetal con poca sal

Unos ramilletes de orégano o albahaca

Pimienta

Salsa de queso:

40 g de maicena

450 ml de leche desnatada

1 cucharadita de mostaza

Nuez moscada rallada

75 g de queso curado poco graso rallado

1 Calentar el aceite en una cazuela y freír la carne picada y la cebolla durante 5 minutos, desmenuzando la carne con una cuchara de madera hasta que quede bien dorada.

2 Incorporar los pimientos, los calabacines y el ajo y cocer durante 3 minutos; luego añadir los tomates, el caldo, las hierbas y la pimienta. Cocer a fuego lento unos 30 minutos.

3 Mientras tanto, preparar la salsa de queso. Mezclar la maicena con un poco de leche y verterla en una cazuela. Añadir la leche restante, la mostaza, la nuez moscada y un poco de pimienta. Llevar a ebullición y remover hasta que quede espesa y sin grumos. Agregar tres cuartas partes del queso rallado.

4 Colocar una capa fina de carne en la base de una fuente refractaria de 20 cm de lado y 5 cm de hondo. Cubrir con tres láminas de lasaña, agregar la mitad de la carne, cubrir con otras tres láminas de lasaña, poner la mitad de la salsa de queso y el resto de carne. Tapar con las tres láminas de lasaña y la salsa de queso restantes.

5 Meter en el horno precalentado y cocer a 180 ºC durante 30 o 35 minutos, hasta que la superficie esté dorada y la pasta tierna.

Valores nutricionales

437 kcal

Grasa 15,4 g

Grasas saturadas 4,9 g

Azúcares 2,8 g

Sal 0,5 g

Tiempo de preparación

15 minutos

Tiempo de cocción

Unos 30 minutos

Raciones

4

CONSEJO NUTRICIONAL

Elimina siempre toda la grasa visible de los filetes antes de cocinarlos. La clara de huevo casi no contiene grasa y basta mezclarla con un poco de aceite para que las patatas queden doradas, como si estuvieran fritas en aceite abundante.

Solomillo con patatas a la mostaza

Seguir una dieta baja en colesterol no significa eliminar todos tus platos favoritos, sino reconsiderar la forma de prepararlos, como demuestra este jugoso filete a la plancha con patatas.

500 g de patatas, peladas

2 cucharadas de aceite de oliva

1 clara de huevo

1 cucharadita de mostaza de grano entero

½ cucharadita de cúrcuma

250 g de tomates cherry

250 g de champiñones

4 filetes de solomillo gruesos, cada uno de unos 200 g, limpios de grasa

Pimienta

Para acompañar:
Ensalada verde

1 Cortar las patatas por la mitad y luego en gajos grandes. Poner una cucharada de aceite en un cuenco, añadir la clara de huevo, la mostaza, la cúrcuma y un poco de pimienta; batir con un tenedor hasta que la clara quede ligeramente espumosa. Agregar las patatas y agitar para que se empapen.

2 Colocar las patatas en una sola capa en una bandeja untada con un poco de aceite. Meterla en el horno precalentado, a 230 ºC, durante 10 minutos. Añadir los tomates y cocer durante otros 5 minutos o hasta que las patatas estén doradas y la piel de los tomates empiece a partirse. Apagar el horno.

3 Con un pincel, untar los champiñones con el aceite restante. Espolvorear los solomillos con un poco de pimienta. Calentar una sartén antiadherente, poner los solomillos y los champiñones y asar la carne durante 2 minutos por cada lado, si te gusta poco hecha, 3 o 4 minutos por cada lado, si te gusta al punto y 5 o 6 minutos por cada lado, si te gusta muy hecha.

4 Pasar los solomillos, las patatas y las verduras a los platos y servirlos con ensalada verde aliñada con un poco de zumo de limón o de vinagre balsámico

Valores nutricionales
372 kcal
Grasa 10,7 g
Grasas saturadas 4,4 g
Azúcares 8 g
Sal 0,3 g

Tiempo de preparación
30 minutos
Tiempo de cocción
30 minutos
Raciones
4

CONSEJO NUTRICIONAL
El trigo bulgar constituye una alternativa sabrosa y de bajo contenido graso frente a la pasta, el arroz o el cuscús, y además es una buena fuente de fibra.

Albóndigas con trigo bulgar

Estas albóndigas mini tienen un toque oriental. La carne se condimenta con limón y pimienta inglesa, y llevan salsa de tomate al ajo. Se sirven con ensalada de trigo bulgar aromatizada con menta troceada y hojas de perejil.

750 ml de agua

175 g de trigo bulgar (tipo cuscús)

400 g de carne picada de ternera extra magra

½ cebolla, picado fina

La piel rallada y el zumo de un limón

¼ de cucharadita de pimienta inglesa molida

3 cucharadas de menta picada, además de algunas hojas para adornar (opcional)

3 cucharadas de perejil picado, además de algunas hojas para adornar (opcional)

Pimienta

Salsa de tomate:
1 cebolla, picada

2 dientes de ajo, picados finos

400 g de tomates frescos, sin piel (si se prefiere) y cortados en dados

2 cucharaditas de concentrado de tomate

1 Poner el agua en una cazuela mediana, llevar a ebullición, echar el trigo bulgar y dejar cocer a fuego lento durante 10 minutos, justo hasta que esté tierno. Escurrir y reservar.

2 Poner la carne en un cuenco, añadir la cebolla, la ralladura de limón, la pimienta inglesa y la pimienta. Agregar 6 cucharadas del trigo bulgar cocido, mezclar y formar 24 bolas.

3 Poner las albóndigas en una fuente antiadherente y meterlas en el horno precalentado, a 180 ºC, durante 20 minutos, hasta que estén doradas por todos lados y hechas por dentro.

4 Mientras tanto, preparar la salsa de tomate. Poner en una cazuela la cebolla, el ajo, los tomates, el concentrado de tomate y un poco de pimienta; tapar y dejar cocer a fuego lento durante 20 minutos, removiendo de vez en cuando, hasta que se ablande. Triturar hasta obtener una mezcla uniforme y luego volver a calentar.

5 Incorporar el zumo de limón al trigo bulgar restante y volver a calentarlo a fuego lento. Añadir las hierbas picadas y un poco de pimienta. Con una cuchara pasarlo a los platos. Mezclar las albóndigas con la salsa de tomate, repartirlas sobre el trigo bulgar y adornar con las hojas (si las usas).

Valores nutricionales
464 kcal
Grasa 12,9 g
Grasas saturadas 4,6 g
Azúcares 20,3 g
Sal 0,5 g

Tiempo de preparación
15 minutos

Tiempo de cocción
37-42 minutos

Raciones
4

CONSEJO NUTRICIONAL

El cordero contiene más grasa que la ternera o el cerdo, de modo que elimina toda la visible antes de cocinarlo. Los filetes de la pierna son más magros que la carne del cuello.

Cordero con arroz

Este plato sencillo lleva una base de arroz integral aromatizado con pimienta inglesa, canela y ajo. El cordero es muy graso, pero si usas filetes magros de la pierna y los combinas con champiñones, la carne grasa disminuye de forma considerable.

1 cucharada de aceite de oliva

350 g de filetes de pierna de cordero, limpios de grasa y cortados en dados

1 cebolla, picada

200 g de champiñones, cortado en cuatro trozos

2 dientes de ajo, picados finos

200 g de arroz integral de grano largo

½ cucharadita de pimienta inglesa molida

½ cucharadita de canela molida

3 clavos, ligeramente triturados

75 g de pasas

1 litro de caldo vegetal con poca sal

Pimienta

Para acompañar:
150 g de yogur griego desnatado

2 tomates, cortados en dados

½ cebolla roja pequeña, picada fina

Un manojo pequeño de menta

1 Calentar el aceite en una sartén antiadherente, añadir el cordero y la cebolla y freír, removiendo, durante 5 minutos o hasta que el cordero se dore. Incorporar los champiñones y el ajo y freír durante 2 minutos.

2 Agregar el arroz, las especias, los frutos secos, 600 ml de caldo y la pimienta. Llevar a ebullición, tapar y dejar cocer a fuego lento durante 30 o 35 minutos, añadiendo caldo si fuera necesario hasta que el arroz esté cocido.

3 Repartir el arroz en cuencos y echar por encima una cucharada de yogur, otra de tomate, un poco de cebolla y unas hojas de menta.

Valores nutricionales

387 kcal

Grasa 11,2 g

Grasas saturadas 3,4 g

Azúcares 16,1 g

Sal 1,2 g

Tiempo de preparación

25 minutos

Tiempo de cocción

50-55 minutos

Raciones

4

CONSEJO NUTRICIONAL

Si mezclas la carne picada de ternera con unas cuantas lentejas y verduras ayudarás a reducir el contenido de grasa sin que las raciones parezcan insuficientes. Además, las lentejas aumentan la ingesta de fibra soluble.

Pastel de carne con puré de chirivía

Este plato reconfortante, que gusta a chicos y mayores, combina la carne picada de ternera magra con muchas verduras y lentejas. Puedes prepararlo a primera hora y luego volver a calentarlo a 190 ºC durante 35 o 40 minutos.

3 cucharadas de aceite de girasol

250 g de carne picada de ternera extra magra

1 cebolla, picada fina

125 g de zanahoria, en dados

125 g de nabo sueco, en dados

65 g de lentejas de puy

200 g de judías cocidas de lata, de bajo contenido en sal

450 ml de caldo vegetal con poca sal

2 cucharadas de salsa de Worcestershire

1 cucharada de concentrado de tomate

3 cucharaditas de mostaza de grano entero

400 g de chirivías, en trozos

250 g de patatas, en trozos

2 cucharadas de queso fresco sin grasa

Pimienta

1 Calentar dos cucharadas de aceite en una sartén, añadir la carne picada y la cebolla y freír, removiendo, durante 5 minutos o hasta que la carne esté bien dorada.

2 Incorporar la zanahoria, el nabo sueco y las lentejas; luego añadir las judías cocidas, el caldo, la salsa de Worcestershire y el concentrado de tomate. Añadir una cucharadita de mostaza y un poco de pimienta. Llevar a ebullición, remover bien, tapar y dejar cocer a fuego lento, removiendo de vez en cuando, durante 45 o 50 minutos o hasta que las lentejas estén tiernas y el caldo se haya reducido y espesado.

3 Mientras tanto, cocer las chirivías y las patatas en una cazuela de agua hirviendo durante 20 minutos. Escurrirlas, volver a ponerlas en la cazuela y triturarlas con la mostaza restante, el queso fresco y un poco de pimienta.

4 Con una cuchara pasar la carne a una fuente de 1,2 litros de capacidad. Cubrir con el puré. Rociar con el aceite restante y gratinar hasta que se dore. Servir con guisantes.

Valores nutricionales

383 kcal

Grasa 8,3 g

Grasas saturadas 0,8 g

Azúcares 12,5 g

Sal 0 g

Tiempo de preparación

15 minutos

Tiempo de cocción

30 minutos

Raciones

4

CONSEJO NUTRICIONAL

El cerdo es una de las carnes más magras que puedes comprar; las piezas magras contienen tan solo un 4 % de grasa. Además, más de la mitad de la grasa es grasa monoinsaturada y poliinsaturada, saludable para el corazón.

Cerdo frito con arroz

Si sueles salir tarde del trabajo, compra verduras fritas precocinadas; ahorrarás tiempo y te serán de gran ayuda. Pon a cocer el arroz en cuanto llegues a casa y olvídate de él durante 20 minutos; en el último momento fríe rápidamente el cerdo.

200 g de arroz integral de grano largo

1 cucharada de aceite de girasol

400 g de lomo de cerdo, cortado en filetes finos; los trozos grandes deben cortarse transversalmente

2 dientes de ajo, picados finos

300 g de verduras fritas precocinadas

350 ml de zumo de manzana concentrado

2 cucharaditas de concentrado de tomate

1 cucharadita de polvo de cinco especias

1 Llevar a ebullición una olla llena de agua, añadir el arroz y dejar cocer a fuego lento durante 30 minutos.

2 Cuando el arroz esté casi cocido, calentar el aceite en un wok o en una sartén antiadherente y freír el cerdo y el ajo, removiendo, a fuego intenso, durante 3 minutos.

3 Agregar las verduras precocinadas y freírlas durante 3 minutos. Mezclar el zumo de manzana con el concentrado de tomate y el polvo de cinco especias, verter la mezcla en la sartén y cocer durante 1 minuto.

4 Escurrir el arroz, ponerlo en cuatro cuencos y distribuir encima el cerdo frito.

Valores nutricionales

546 kcal

Grasa 13,7 g

Grasas saturadas 4,6 g

Azúcares 19,9 g

Sal 0,5 g

Tiempo de preparación

25 minutos

Tiempo de cocción

1 hora y 36 minutos

Raciones

4

CONSEJO NUTRICIONAL

Si utilizas muchas especias para condimentar la comida no te hará falta añadir sal, que en grandes cantidades puede aumentar la presión sanguínea, algo que a su vez es un factor de riesgo de las enfermedades cardíacas.

Tajine de cordero con cuscús al azafrán

No te dejes impresionar por la larga lista de ingredientes: este plato es realmente fácil y rápido de preparar. Una vez en el horno puedes olvidarte de él, y si lo dejas más tiempo de lo previsto, bastará con que le pongas un poco más de caldo por encima.

400 g de filetes de cordero del cuarto trasero

1 cucharada de aceite de oliva

1 cebolla, picada

2 dientes de ajo, cortados finos

6 clavos

1 cucharadita de canela, pimentón, comino y cúrcuma

500 g de tubérculos comestibles

2 cucharadas de harina

50 g de pasas sultanas

75 g de lentejas verdes o de puy

200 g de habas congeladas

1 cucharada de puré de tomate

1 litro de caldo vegetal

Pimienta

Hierbas frescas, para adornar

Cuscús:

450 ml de agua hirviendo

Unas cuantas hebras de azafrán

200 g de cuscús

1 Eliminar la grasa del cordero y cortar la carne en dados. Calentar el aceite en una sartén y freír el cordero y la cebolla, removiendo durante 5 minutos o hasta que la carne y la cebolla estén doradas.

2 Incorporar el ajo, los clavos y las otras especias y cocer durante 1 minuto. Incorporar los tubérculos cortados en dados y luego incorporar la harina. Añadir las pasas sultanas, las lentejas, las habas y el concentrado de tomate; a continuación agregar el caldo y un poco de pimienta y llevar a ebullición.

3 Pasar la mezcla a una fuente, taparla y meterla en el horno precalentado, a 180 ºC, durante 1 hora y media o hasta que la carne esté tierna.

4 Cuando el tajine esté prácticamente listo, poner el azafrán en un cuenco, verter encima el agua hirviendo y mezclar bien. Añadir el cuscús, taparlo y dejarlo reposar durante 5 minutos. Ahuecarlo con un tenedor y ponerlo en los platos. Distribuir encima el tajine y adornar con hierbas troceadas, si se desea.

Valores nutricionales
372 kcal
Grasa 9,6 g
Grasas saturadas 0,9 g
Azúcares 3,2 g
Sal 0,4 g

Tiempo de preparación
25 minutos
Tiempo de cocción
24-26 minutos
Raciones
4

CONSEJO NUTRICIONAL
Cocer al vapor es un buen método de cocción porque no se pierde ninguna de las vitaminas ni los minerales en el agua de cocción. Además no hace falta añadir grasa para que la comida no se pegue al cocinarla.

Trucha al pesto

Los filetes rosados de trucha, exquisitamente condimentados, se sirven enrollados y rellenos de pesto y sobre un puré de guisantes y pesto con queso quark, que le proporciona un sabor cremoso sin añadir grasa saturada.

625 g de patatas, cortadas en trozo grandes

4 filetes de trucha, que pesen unos 625 g en total, sin piel

5 cucharaditas de pesto hecho con albahaca

175 g de guisantes congelados

100 g de queso fresco tipo quark

Pimienta

Hojas de albahaca, para adornar (opcional)

1 Cocer las patatas al vapor durante 15 minutos.

2 Mientras tanto, lavar el pescado con agua fría y escurrirlo bien. Poner los filetes, con la parte donde estaba la piel arriba, sobre una tabla de cortar; untar cada filete con media cucharadita de pesto y un poco de pimienta. Enrollarlos sin apretar demasiado, empezando por la cola.

3 Cortar un trozo de papel de aluminio y formar un plato donde quepan los rollos de trucha, pero que entre en la olla dejando espacio para que el vapor circule. Colocar los rollos de trucha en el plato de aluminio en una sola capa.

4 Colocar la bandeja de papel de aluminio en la olla para cocer al vapor; sobre las patatas, poner la tapa y cocer durante 6 o 8 minutos. Añadir los guisantes a las patatas, debajo de la rejilla, y cocerlos durante 3 minutos.

5 Retirar la rejilla superior, escurrir las patatas y los guisantes, añadir el pesto restante, el queso quark y un poco de pimienta. Triturar ligeramente con un tenedor y luego repartir el puré en cuatro platos. Colocar las truchas encima y espolvorearlas con hojas de albahaca, si se desea.

Valores nutricionales
571 kcal
Grasa 33,5 g
Grasas saturadas 7 g
Azúcares 6,2 g
Sal 0,6 g
Fibra

Tiempo de preparación
25 minutos
Tiempo de cocción
15 minutos
Raciones
4

CONSEJO NUTRICIONAL
La caballa contiene mucha grasa, pero es del tipo omega-3, un ácido graso esencial que según parece ayuda a protegernos de los problemas cardíacos y circulatorios.

Caballa al horno

Si no te gusta la caballa porque tiene muchas espinas, esta receta es ideal para ti. Los filetes se recubren con una capa de pan de chapata, limón y cebollino y se sirven con patatas baby nuevas aderezadas con mostaza.

500 g de patatas pequeñas nuevas, partidas por la mitad

2 caballas grandes enteras, ambas cortadas en dos filetes

25 g de pan blanco de pueblo o chapata

La piel rallada y el zumo de ½ limón

2 cucharadas de cebollino troceado

2 cucharadas de aceite de oliva

150 g de yogur natural desnatado

2 cucharaditas de mostaza de grano entero

1 cucharadita de miel clara

75 g de hojas de ensalada variadas

Pimienta

1 Poner las patatas en una olla de agua hirviendo y cocerlas durante 15 minutos o hasta que estén blandas.

2 Recubrir una bandeja de horno con papel de hornear antiadherente. Lavar los filetes de pescado con agua fría, escurrirlos bien y ponerlos, con la piel debajo, sobre el papel.

3 Trocear el pan en pedacitos pequeños o triturarlo ligeramente con un robot de cocina o una batidora para que quede desmigajado. Mezclarlo con la ralladura y el zumo de limón, el cebollino y un poco de pimienta. Repartir la mezcla por encima de los filetes de pescado y luego rociarlos con el aceite.

4 Meter la bandeja en el horno precalentado, a 220 ºC, durante 10 minutos o hasta que el pescado se deshaga al presionarlo con un cuchillo y la capa de pan esté dorada y crujiente.

5 Mientras tanto, mezclar en una ensaladera el yogur, la mostaza, la miel y un poco de pimienta. Escurrir las patatas y agregarlas al aliño. Remover, añadir las hojas de ensalada, mezclar todo ligeramente y distribuirlo en los platos. Añadir la caballa y servir de inmediato.

Valores nutricionales

417 kcal

Grasa 17,2 g

Grasas saturadas 3 g

Azúcares 15,4 g

Sal 0,4 g

Fibra

Tiempo de preparación

20 minutos

Tiempo de cocción

25 minutos

Raciones

4

CONSEJO NUTRICIONAL

Uno de los métodos más fáciles para aumentar la ingesta de grasas omega-3 es comiendo salmón. Si no te gusta el salmón fresco, utiliza el de lata: queda muy bien tanto en los bocadillos como con las patatas asadas.

Salmón con puré de remolacha

El puré de remolacha de color rosa intenso, casi eléctrico, se condimenta con un poco de jengibre; luego se ponen encima los filetes de salmón asados a la parilla y aromatizados con una mezcla de especias al estilo cajún.

500 g de remolacha cruda, pelada y cortada en trozos

300 g de patatas, peladas y cortadas en trozos

4 filetes de salmón, de unos 150 g cada uno

1 ½ cucharadita de especias cajún molidas

Un trozo de jengibre fresco de unos 4 cm, pelado y picado fino

2 cucharaditas de miel clara o espesa

50 g de queso fresco tipo quark

3-4 cucharadas de leche desnatada

Pimienta

Judías verdes cocidas al vapor, para acompañar

1 Meter la remolacha y las patatas en una olla de agua hirviendo y dejar cocer durante 20 minutos o hasta que estén blandas.

2 Mientras tanto, lavar los filetes de salmón con agua fría, escurrirlos bien y ponerlos sobre una rejilla de horno cubierta de papel de aluminio. Restregarlos bien con las especias y con una tercera parte del jengibre; dar la vuelta a los filetes para que queden con la piel en la parte superior y rociarlos con la miel.

3 Asar el salmón bajo el grill precalentado durante 10 minutos; dar la vuelta una o dos veces a los filetes, vertiendo por encima los jugos, hasta que la piel esté crujiente y ennegrecida, y el pescado se deshaga, si se presiona con un cuchillo.

4 Escurrir las remolachas y las patatas y volver a ponerlas en la olla. Triturarlas con el jengibre restante, el queso quark, la leche y un poco de pimienta. Pasar el puré a los platos, colocar el salmón encima, rociarlo con los jugos de la cocción y servirlo con judías verdes cocidas al vapor.

Valores nutricionales

463 kcal

Grasa 20,7 g

Grasas saturadas 3,6 g

Azúcares 13,3 g

Sal 1,5 g

Fibra

Tiempo de preparación

20 minutos

Tiempo de cocción

10-13 minutos

Raciones

4

CONSEJO NUTRICIONAL

El yogur natural desnatado es una alternativa muy sana a la mayonesa y además puede condimentarse con guindilla roja picada, pasta de curry, limón o ralladura de lima.

Ensalada de judías y salmón

Aunque no te guste demasiado la lechuga, esta ensalada contundente y saciante, con trozos grandes de salmón caliente y condimentada con un aliño a base de albahaca y ajo, seguro que te convencerá.

3 filetes de salmón, de unos 150 g cada uno

La ralladura y el zumo de un limón

2 cucharadas de aceite de oliva

3 cucharaditas de miel espesa

410 g de judías blancas cannellini en conserva, lavadas

410 g de judías pintas o borlotti en conserva, lavadas

425 g de corazones de alcachofa en conserva, escurridos y partidos en cuatro trozos

50 g de aceitunas sin hueso

2 calabacines, de unos 300 g en total, cortados en dados

125 g de chicharros verdes dulces, partidos por la mitad

Un manojo pequeño de albahaca

150 g de yogur natural desnatado

1 diente de ajo, picado fino

Pimienta

1 Lavar el salmón con agua fría, luego poner los filetes en una sola capa en un aparato eléctrico para cocer al vapor o en una cesta para cocer al vapor dispuesta sobre una olla de agua hirviendo. Espolvorear con un poco de la ralladura de limón y un poco de pimienta, tapar y cocer durante 8 o 10 minutos o hasta que el salmón se deshaga al presionarlo con un cuchillo.

2 Mientras, poner en una ensaladera la ralladura de limón restante, el zumo de limón, el aceite, 2 cucharaditas de miel y un poco de pimienta y remover con un tenedor. Agregar las judías, los corazones de alcachofa y las aceitunas y remover.

3 Pasar el salmón a una fuente. Cocer los calabacines y los chicharros al vapor durante 2 o 3 minutos o hasta que estén hechos. Retirar la piel del salmón, desmenuzar la carne en trozos grandes y eliminar cualquier espina que quede. Incorporar a la ensalada de judías los trozos de pescado y las verduras, junto con la mitad de la albahaca picada.

4 Remover bien la ensalada y repartirla en cuatro platos. Mezclar el yogur con la miel y las hojas de albahaca restantes, el ajo y un poco de pimienta. Pasarlo a un cuenco pequeño y servirlo con la ensalada de salmón.

Valores nutricionales
395 kcal
Grasa 9,1 g
Grasas saturadas 4,5 g
Azúcares 14,5 g
Sal 1,3 g

Tiempo de preparación
20 minutos

Tiempo de cocción
16-17 minutos

Raciones
4

CONSEJO NUTRICIONAL
Puedes reducir considerablemente el contenido graso de un plato utilizando queso de grasa reducida. Escoge un queso curado en vez de uno suave, así no tendrás que usar tanto para el plato quede sabroso.

Macarrones al queso

Este plato lleno de color tiene una gran cantidad de brócoli, puerros y guisantes cocidos al dente; además lleva una salsa de queso baja en grasa condimentada con mostaza de Dijon y se recubre con rodajas de tomate y queso gratinado.

175 g de macarrones integrales

175 g de brócoli, cortados en ramilletes

175 g de puerro, cortados en rodajas gruesas

100 g de guisantes congelados

40 g de maicena

750 ml de leche desnatada

3 cucharaditas de mostaza de Dijon

125 g de queso curado de grasa reducida

2 tomates, cortados en rodajas

15 g de queso parmesano fresco, rallado fino

Un poquito de pimentón

Pimienta

1 Llevar a ebullición una olla llena de agua, echar la pasta y cocerla durante 7 minutos. Añadir el brócoli y cocerlo durante 3 minutos; luego agregar los puerros y los guisantes y cocerlos durante 2 minutos o hasta que todas las verduras y la pasta estén al dente.

2 Mientras tanto, mezclar en un cuenco pequeño la maicena con un poco de leche hasta obtener una pasta uniforme. Verter la mezcla en otra olla e incorporar la leche restante. Llevar a ebullición, removiendo todo el tiempo, hasta que quede una mezcla espesa y sin grumos. Incorporar la mostaza y la pimienta, y luego tres cuartas partes del queso curado.

3 Escurrir las verduras cocidas y la pasta y agregarlas a la salsa. Pasarlo todo a una fuente poco profunda y refractaria, poner por encima las rodajas de tomate y luego espolvorear con el queso curado restante, el parmesano y un poco de pimentón.

4 Meter bajo el grill precalentado durante 4-5 minutos, hasta que el queso se dore y haga burbujitas. Servir con ensalada.

Valores nutricionales

402 kcal

Grasa 13,5 g

Grasas saturadas 2,5 g

Azúcares 7,7 g

Sal 0,6 g

Tiempo de preparación

30 minutos

Tiempo de cocción

16-20 minutos

Raciones

4

CONSEJO NUTRICIONAL

La pasta filo es mucho menos grasa que otras. Por ejemplo, 100 g de pasta quebrada tienen 28,5 g de grasa y 11,4 g de grasas saturadas, mientras que 100 g de pasta filo tienen solo 2,7 g de grasa y 0,3 g de grasas saturadas.

Pastelitos de pescado

Estos pastelitos se rellenan con una cantidad generosa de pescado ligeramente hervido y se cubren con una salsa de queso sin nata. Sírvelos con patatas nuevas y verduras variadas cocidas al vapor.

300 g de filetes de salmón

400 g de lomos de abadejo o bacalao

450 ml de leche desnatada

1 hoja de laurel

4 cucharaditas de maicena

100 g de queso fresco tipo quark

4 cebolletas, cortadas en rodajas finas

100 g de maíz dulce, descongelado en el caso de que sea congelado

15 g de crema de untar de bajo contenido graso

2 cucharadas de aceite de girasol

2 láminas de pasta filo, descongelada en el caso de que sea congelada

Pimienta

1 Poner en una sartén el pescado, la leche, la hoja de laurel y la pimienta. Tapar y dejar cocer durante 8 minutos.

2 Pasar el pescado a una fuente (dejar la leche en la sartén). Sacarle las espinas y la piel y partirlo en trozos.

3 Mezclar la maicena con un poco de agua. Incorporarla a la leche y calentar removiendo hasta que espese. Añadir el queso quark, las cebolletas y el maíz. Reservar.

4 Calentar la crema para untar y el aceite en un cazo pequeño. Engrasar con la mezcla 4 moldes individuales, de 8,5 cm de diámetro, por el exterior colocarlos bocabajo en una bandeja para el horno.

5 Untar la pasta con la mezcla anterior. Cortar cada lámina en 8 cuadrados ligeramente más grandes que la base y los lados de los moldes. Cubrir un molde con uno de los cuadrados; luego superponer otro cuadrado ligeramente inclinado y después otros dos. Forrar los otros moldes. Hornear a 180 ºC durante 8 o 10 minutos.

6 Mezclar el pescado con la salsa y calentarlo. Desmoldar los pastelitos y rellenarlos con el pescado. Servirlos con patatas nuevas y verduras cocidas al vapor.

Valores nutricionales
484 kcal
Grasa 6,4 g
Grasas saturadas 1,7 g
Azúcares 21,1 g
Sal 1,6 g

Tiempo de preparación
20 minutos

Tiempo de cocción
54 minutos

Raciones
4

CONSEJO NUTRICIONAL
La calabaza es una buena fuente de beta caroteno, un importante antioxidante. El cuerpo lo usa para producir vitamina A, y tomado en gran cantidad parece reducir el riesgo de sufrir una enfermedad cardíaca.

Enchiladas de judías con guindilla

Este plato vegetariano tiene todo el sabor de las enchiladas rellenas de carne; lleva una salsa de queso pero no contiene grasas saturadas.

1 pimiento rojo o naranja

200 g de champiñones

1 cucharada de aceite de girasol

1 cebolla grande, troceada

2 dientes de ajo, picados

1 chile rojo fresco o seco

1 cucharadita de comino, otra de semillas de cilantro y otra de pimentón ahumado

625 g de calabaza

410 g de judías pintas de lata

1 cucharadita de azúcar extrafino

400 g de tomates en lata picados

300 ml de caldo vegetal con poca sal

8 tortitas de harina blandas, de 20 cm de diámetro

250 g de queso fresco tipo quark

40 g de queso curado de grasa reducida

Pimienta

1 Cortar el pimiento en dados. Limpiar y cortar los champiñones. Freír la cebolla y a fuego lento durante 5 minutos. Añadir el ajo, el pimiento y los champiñones y freír durante 3 minutos.

2 Partir el chile por la mitad y quitarle las semillas. Triturar el comino y las semillas de cilantro. Cortar la carne de la calabaza en dados grandes. Lavar y escurrir las judías pintas.

3 Incorporar el chile, las especies trituradas, el pimentón, la calabaza, las judías y el azúcar; cocer durante 1 minuto y luego agregar los tomates, el caldo y un poco de pimienta. Llevar a ebullición, remover, tapar y dejar cocer a fuego lento durante 15 minutos o hasta que todas las verduras estén tiernas. Retirar la guindilla.

4 Repartir las verduras escurridas en las tortitas. Enrollarlas y colocarlas una junto a la otra en una bandeja para el horno o una fuente refractaria poco profunda.

5 Verter la salsa restante por encima, especialmente sobre los extremos de las tortitas. Esparcir el queso quark por encima y espolvorear con el queso curado rallado. Meter en el horno precalentado a 190 ºC durante 25 o 30 minutos, hasta que estén bien calientes y doradas por arriba. Servir con ensalada.

Valores nutricionales
396 kcal
Grasa 11,2 g
Grasas saturadas 1,4 g
Azúcares 9,4 g
Sal 1,2 g

Tiempo de preparación
15 minutos
Tiempo de cocción
25-30 minutos
Raciones
4

CONSEJO NUTRICIONAL
Para utilizar el mínimo de sal prepara tú mismo el caldo o utiliza pastillas de caldo bajas en sal.

Balti de verduras

Este curry de sabor suave e intenso puede servirse con un poco de pan de naan caliente para mojar en la salsa o como parte de un banquete a base de curries.

200 g de arroz integral de grano largo

1 cucharada de aceite de girasol

1 cebolla, cortada en láminas

3-4 cucharadas de balti o pasta de curry suave, al gusto

1 cucharadita de comino, ligeramente triturado

1 cucharadita de cúrcuma

2 dientes de ajo, picados finos

4 tomates, de unos 300 g en total, cortados en dados

450 ml de caldo vegetal con poca sal

1 coliflor, de unos 500 g una vez cocida, cortada en ramilletes, más las hojas verdes interiores reservadas y cortadas

410 g de garbanzos de bote

150 g de espinacas troceadas congeladas, descongeladas

1 Llevar a ebullición una olla de agua, añadir el arroz y cocer durante 25 o 30 minutos o hasta que esté blando.

2 Mientras tanto, calentar el aceite en una sartén antiadherente y freír la cebolla durante 5 minutos, hasta que se ablande y empiece a dorarse. Incorporar 3 cucharadas de la pasta de curry junto con el comino, la cúrcuma, el ajo y los tomates. Cocer durante 1 minuto.

3 Agregar el caldo, la coliflor y los garbanzos, llevar a ebullición, luego tapar y dejar cocer a fuego lento durante 15 minutos.

4 Añadir las hojas de la coliflor y cocer sin la tapa durante 3 minutos. Probar y añadir más curry, si se desea. Incorporar las espinacas y cocer durante 1 minuto. Distribuir en platos llanos y servir con el arroz escurrido.

Valores nutricionales

305 kcal

Grasa 5 g

Grasas saturadas 1,7 g

Azúcares 6,4 g

Sal 1,2 g

Tiempo de preparación

15 minutos

Tiempo de cocción

26-31 minutos

Raciones

4

CONSEJO NUTRICIONAL

El beicon contiene mucha grasa saturada, pero si eliminas toda la grasa que puedas y lo fríes en seco junto con la cebolla le dará al plato todo el sabor con el mínimo de grasa.

Jambalaya de tomate, kimbombó y beicon

Este plato de estilo criollo, con una base de arroz especiado, lleva una mezcla de kimbombó, judías verdes y maíz dulce, aunque puedes usar cualquier verdura que tengas en la nevera e inventar tus propias combinaciones.

4 lonchas de beicon sin ahumar, con toda la grasa que puedas eliminada y cortadas en dados

1 cebolla, picada fina

2 dientes de ajo, picados finos

¼ de cucharadita de pimienta de Cayena

1 cucharadita de pimentón

400 g de tomates frescos o de bote, picados

200 g de arroz blanco de grano largo

750 ml de caldo vegetal con poca sal

100 g de kimbombó, cortado en rodajas gruesas

75 g de judías verdes, cada una cortada en tres trozos

75 g de maíz dulce congelado

1 Freír en seco el beicon y la cebolla a fuego lento en una sartén antiadherente durante 5 minutos o justo hasta que empiecen a dorarse. Incorporar el ajo, la pimienta de Cayena, el pimentón y los tomates y cocer durante 1 minuto.

2 Añadir el arroz y 450 ml de caldo. Llevar a ebullición, tapar y dejar cocer a fuego lento durante 10 minutos, removiendo de vez en cuando.

3 Agregar el kimbombó, las judías y el maíz dulce, cubrir con el caldo restante, tapar y cocer durante 10 o 15 minutos o hasta que las verduras y el arroz estén blandos y el arroz haya absorbido la mayor parte del caldo. Pasarlo a los platos con una cuchara y servir.

Valores nutricionales
382 kcal
Grasa 8,4 g
Grasas saturadas 3,2 g
Azúcares 3,2 g
Sal 0,6 g

Tiempo de preparación
15 minutos
Tiempo de cocción
27 minutos
Raciones
4

CONSEJO NUTRICIONAL
El queso curado contiene mucha grasa saturada y mucha sal, pero el parmesano tiene un sabor muy fuerte y por tanto basta con usar muy poco.

Arroz con brécol, hojas de oruga y chile

Despierta tus papilas gustativas con esta intensa combinación de hojas de oruga y guindilla roja, con un arroz cremoso y suave y un toque de parmesano fundido.

1 cucharada de aceite de oliva

1 cebolla, picada fina

2 dientes de ajo, picados finos

1 chile rojo, picada fina y sin semillas (si lo deseas, puedes dejar las semillas para que sea más picante)

250 g de arroz

1,5-1,6 litros de caldo vegetal con poca sal y caliente

150 ml de vino blanco seco o de caldo adicional

200 g de brécol, cortado en ramilletes y con el tallo cortado en rodajas

40 g de hojas de oruga

4 cucharadas de queso parmesano rallado

Pimienta

1 Calentar el aceite en una cazuela mediana y freír la cebolla durante 5 minutos o hasta que se ablande y empiece a coger color. Incorporar el ajo y el chile y cocer durante 1 minuto; luego añadir el arroz.

2 Agregar una cuarta parte del caldo caliente, el vino (si se usa) y un poco de pimienta; dejar cocer a fuego lento y sin tapa durante 15 minutos, removiendo y añadiendo más caldo, si fuera necesario, hasta que el arroz esté blando y cremoso.

3 Incorporar el brécol y, si fuera necesario, un poco más de caldo, y cocer durante 5 minutos o hasta que esté tierno. Añadir tres cuartas partes de las hojas de oruga y cocer durante 1 minuto, hasta que empiecen a marchitarse. Repartir el arroz en platos llanos y espolvorearlo con las hojas de oruga restantes, un poco más de pimienta y el queso parmesano.

postres

Valores nutricionales
77 kcal
Grasa 0,1 g
Grasas saturadas 0,1 g
Azúcares 13,3 g
Sal 0,1 g

Tiempo de preparación
30 minutos, más el tiempo para congelar y enfriar

Raciones
6

CONSEJO NUTRICIONAL

El queso fresco es un queso blando hecho con leche desnatada que se encuentra fácilmente en el supermercado; lo hay sin grasa o mezclado con nata. Siempre que sea posible escógelo sin grasa.

Mousse de fresa con miel

Este mousse de dos pisos, tiene una capa fina de puré de fresa en la parte superior y una capa suave de fresa debajo, acompañado de aromáticas semillas de granadilla.

3 cucharadas de agua

3 cucharaditas de gelatina en polvo o 1 sobrecito

400 g de fresas, sin tallo ni semillas, y algunas más cortadas por la mitad para adornar (opcional)

6 cucharaditas de miel espesa

300 g de queso fresco sin grasa

2 granadillas (o frutos de la pasión), partidas por la mitad

1 Verter el agua encima de la gelatina; dejarla remojar durante cinco minutos.

2 Meter en un robot de cocina o batidora la mitad de las fresas con 2 cucharaditas de miel y batir hasta obtener una mezcla uniforme; verterla en una jarra.

3 Calentar la gelatina, con el agua, al baño María hasta que se disuelva y el líquido sea transparente.

4 Incorporar 3 cucharaditas de gelatina al puré de fresa; repartir el puré en 6 moldes metálicos de 150 ml. Meterlos en el congelador durante 15 minutos, justo hasta que cuaje.

5 Triturar las fresas restantes con la miel que queda. Añadir el queso fresco y mezclar. Incorporar poco a pocoel resto de gelatina y verter la mezcla sobre la capa de fresa cuajada de los moldes. Dejar enfriar durante 4 o 5 horas, hasta que cuaje.

6 Desmoldar del modo siguiente: sumergir los moldes en agua hirviendo, contar hasta cinco, separar los bordes con la yema del dedo e invertir los moldes sobre un plato pequeño. Sujetarlos bien y sacudirlos hasta que salga el mousse. Colocar semillas de granadilla alrededor del mousse y decorar el plato con fresas partidas por la mitad, si se desea.

Valores nutricionales
168 kcal
Grasa 4,9 g
Grasas saturadas 2,8 g
Azúcares 31,2 g
Sal 0 g

Tiempo de preparación
15 minutos
Tiempo de cocción
13 minutos
Raciones
6

CONSEJO NUTRICIONAL
El chocolate negro contiene más flavonoides, unos compuestos con propiedades antioxidantes, que el chocolate con leche. Sin embargo, las cantidades de calorías, grasa y azúcar son parecidas, así que debe comerse con moderación.

Peras al chocolate con naranja

Este postre, rápido y fácil de preparar, hará las delicias de tus amigos, pero es lo bastante sencillo para tomarlo en casa entre semana. Puedes prepararlo por la mañana y calentarlo en el último momento, antes de servirlo.

2 naranjas

1 ramita de canela, partida por la mitad

450 ml de agua

25 g de azúcar extrafino

6 peras más bien duras, que pesen unos 875 g en total

Para el chocolate:
100 g de chocolate negro, cortado en trozos

6 cucharadas de leche desnatada

Una pizca grande de canela molida

1 cucharada de azúcar extrafino

1 Rallar la piel de una naranja bien fina y reservarla. Pelar la otra naranja con un pelaverduras y cortar la piel en tiras finas. Exprimir el zumo de ambas naranjas. Ponerlo en una cazuela con las tiras de piel, la ramita de canela, el agua y el azúcar. Calentar a fuego lento hasta que el azúcar se haya disuelto.

2 Pelar las peras, cortarlas por la mitad, dejando el tallo. Retirarles el corazón. Incorporarlas al almíbar y cocerlas a fuego lento durante 10 minutos o hasta que estén tiernas; darles la vuelta una o dos veces para que se cuezan uniformemente.

3 Retirar las peras del almíbar y ponerlas en un plato. Hervir el almíbar durante 3 minutos para reducirlo ligeramente. Luego volver a meter las peras en la cazuela y dejar enfriar.

4 Preparar el chocolate. Poner 2 cucharaditas de la ralladura reservada en cazo junto con el chocolate, la leche, la canela molida y el azúcar. Calentar a fuego lento hasta que el chocolate se derrita y quede una mezcla uniforme y brillante.

5 Colocar 2 mitades de pera calientes en cada plato; poner encima las tiras de naranja y el almíbar y cubrir con el chocolate caliente.

Valores nutricionales
299 kcal
Grasa 6,3 g
Grasas saturadas 2,1 g
Azúcares 40,4 g
Sal 0,4 g

Tiempo de preparación
25 minutos
Tiempo de cocción
30 minutos
Raciones
6

CONSEJO NUTRICIONAL
Si utilizas frutos dulces no tendrás que añadir tanto azúcar. Algo sin duda positivo, ya que el exceso de azúcar puede aumentar el nivel de un tipo de grasas sanguíneas denominadas triglicéridos.

Strudel de manzana

Aunque sigas una dieta baja en colesterol, no tienes por qué evitar por completo las tartas y los pasteles. Si usas pasta filo muy fina con un poco de aceite y crema de untar baja en grasa, la tarta tendrá muy pocas grasas saturadas.

25 g de azúcar extrafino

1 cucharadita de canela molida

75 g de pasas sultanas

6 manzanas Royal Gala, sin corazón y cortadas en rodajas

20 g de crema de untar de aceite de oliva baja en grasa

1 cucharada de aceite de girasol

4 láminas de pasta filo, descongeladas si son congeladas

Azúcar glasé tamizado, para decorar

Crema de untar bajo contenido graso, para acompañar

1 Mezclar el azúcar, la canela y las pasas sultanas en un cuenco grande. Añadir las rodajas de manzana y sacudir para que se mezclen con el azúcar.

2 Calentar la crema de untar y el aceite en un cazo. Desdoblar la pasta y con un pincel untar una lámina con un poco de la mezcla hecha con la crema de untar y el aceite. Cubrir con ella una fuente esmaltada cuadrada de 24 cm de lado, de modo que la pasta cuelgue por fuera de la fuente hasta la superficie de trabajo. Untar otra lámina y superponerla formando un ángulo con la anterior. Repetir con otra lámina.

3 Poner las mazanas en el centro de la fuente y cubrirla con la lámina de pasta restante; doblar los bordes que sobresalen hacia arriba y hacia dentro, de forma que la fruta queden bien tapada.

4 Untar la superficie del strudel con lo que quede de la mezcla de aceite y crema de untar y meterlo en el horno precalentado a 180 ºC durante 40 minutos; transcurridos unos 20 minutos, cubrir la parte superior de la tarta con un trozo de papel de aluminio sin apretar para evitar que se queme.

5 Espolvorear la parte superior con un poco de azúcar glasé, cortar en trozos y servir caliente con crema poco grasa.

Valores nutricionales

171 kcal

Grasa 0,2 g

Grasas saturadas 0 g

Azúcares 42,2 g

Sal 0,1 g

Tiempo de preparación

25 minutos

Tiempo de cocción

23-30 minutos

Raciones

4

CONSEJO NUTRICIONAL

Este postre no tiene casi nada de grasa, pero recuerda que cualquier acompañamiento, como la crema o el helado, sí puede tener. Lee siempre las etiquetas.

Manzana con merengue

Debemos eliminar de nuestra dieta los pasteles y postres de alto contenido graso, no obstante, podemos disfrutar sin problemas de este sabroso postre de manzana con merengue, especialmente en invierno.

8 manzanas Royal Gala de aproximadamente 1 kg en total

La piel rallada y el zumo de un limón

4 clavos

3 claras de huevo

25 g de azúcar extrafino

25 g de azúcar sin refinar

¼ de cucharadita de canela en polvo

1 Pelar las manzanas, quitarles el corazón y cortarlas en rodajas gruesas. Meter las rodajas en una cazuela junto con los clavos, la ralladura y el zumo de limón. Añadir 6 cucharadas de agua, tapar y dejar cocer a fuego lento durante 8 o 10 minutos, justo hasta que las manzanas estén tiernas.

2 Poner las claras de huevo en un cuenco grande y batirlas hasta que estén a punto de nieve. Mezclar el azúcar extrafino con el azúcar sin refinar y la canela; incorporarlo a las claras de huevo, cucharadita a cucharadita. Seguir batiendo el merengue durante un par de minutos, hasta que esté espeso y brillante.

3 Pasar las manzanas a una fuente de 1,2 litros de capacidad. Poner por encima el merengue y formar picos con el revés de la cuchara. Meter la fuente en el horno precalentado a 160 ºC durante 15 o 20 minutos, hasta que el merengue esté crujiente por fuera y blando por dentro. Servir en platos.

Valores nutricionales
106 kcal
Grasa 0,3 g
Grasas saturadas 0,1 g
Azúcares 22,1 g
Sal 0,1 g

Tiempo de preparación
20 minutos, más el tiempo para enfriarlo
Tiempo de cocción
2-3 minutos
Raciones
6

CONSEJO NUTRICIONAL
Este plato no contiene nada de grasa, tiene pocas calorías y está repleto de vitamina C gracias a la gran cantidad de fruta que lleva.

Gelatina de naranja, pomelo y mango

Este postre ligero, refrescante y de sabor intenso lleva el zumo de naranja, trozos de mango y pomelo y gajos de naranja, demás de queso fresco endulzado.

2 naranjas
1 pomelo rojo
1 mango grande y maduro
2 cucharadas de agua
2 cucharaditas de gelatina en polvo
450 ml de zumo de naranja sangrina
200 g de queso fresco sin grasa
1 cucharada de azúcar glasé

1 Pelar las naranjas y el pomelo. Separar los gajos y pelarlos, recogiendo el zumo que se desprenda en un cuenco.

2 Colocar el mango de lado y cortar una rodaja gruesa por cada lado, de modo que el hueso quede en la rodaja central y a la vista. Separar la carne del hueso, pelar el fruto y cortar la carne en rodajas.

3 Meter el agua en un cuenco pequeño y echar encima la gelatina en polvo; comprobar que todo el polvo absorbe el agua. Dejar reposar durante 5 minutos, luego calentar el cuenco al baño María hasta que la gelatina se disuelva.

4 Añadir poco a poco la gelatina al zumo de naranja y pomelo. Repartir la fruta en seis vasos de cristal añadiendo el zumo que quede a la mezcla hecha con la gelatina. Verter dicha mezcla en los vasos, dejando que parte de la fruta sobresalga por arriba. Enfriar en la nevera durante 4 horas o más, si fuera necesario, hasta que se cuaje.

5 Mezclar en un cuenco pequeño el queso fresco con el azúcar glasé y servirlo como acompañamiento.

Valores nutricionales
191 kcal
Grasa 1,1 g
Grasas saturadas 0,3 g
Azúcares 27,3 g
Sal 0,2 g

Tiempo de preparación
10 minutos
Tiempo de cocción
1 hora y cuarto
Raciones
4

CONSEJO NUTRICIONAL
Si usas arroz integral de grano corto aumentarás la cantidad de fibra; así te sentirás más lleno y no tendrás la tentación de picar entre horas y tomar tentempiés dulces y grasos.

Pudín de arroz con albaricoques asados

Cuando prepares un asado aprovecha al máximo el horno y pon en la bandeja inferior este pudín, pues requiere poco tiempo y puede guardarse en la despensa.

65 g de arroz de grano corto o redondo

2 cucharadas de azúcar extrafino

La piel rallada de un limón

600 ml de leche desnatada

Un poco de nuez moscada rallada

Para los albaricoques asados:
6 albaricoques frescos, sin hueso y cortados por la mitad

El zumo de un limón

4 vainas de cardamomo

1 cucharada de azúcar extrafino

1 Meter el arroz en una fuente de 1,2 litros de capacidad, añadir el azúcar y la ralladura de limón y verter por encima la leche. Espolvorear con un poco de nuez moscada.

2 Meter la fuente en el horno precalentado a 160 ºC durante una hora y ¾ o hasta que la parte superior se haya dorado y el arroz esté tierno. Si el arroz queda muy caldoso, dejarlo reposar a temperatura ambiente durante 10 minutos antes de servirlo.

3 Unos 20 minutos antes de que se termine la cocción, poner los albaricoques, con la cara por donde se han partido arriba, en una fuente refractaria poco profunda y rociarlos con el zumo de limón. Abrir las vainas de cardamomo y meter las semillas negras y las vainas en los huecos de los huesos. Espolvorearlos con azúcar y ponerlos en el horno más arriba del pudín; dejarlos durante 10 o 15 minutos, hasta que estén bien calientes y empiecen a ablandarse.

4 Servir el pudín de arroz con los albaricoques al lado.

Valores nutricionales
274 kcal
Grasa 8,4 g
Grasas saturadas 1,7 g
Azúcares 33,3 g
Sal 0,2 g

Tiempo de preparación
25 minutos
Tiempo de cocción
30-35 minutos
Raciones
6

CONSEJO NUTRICIONAL
El postre resulta ideal porque lleva una de las cinco piezas de fruta y verduras que debemos tomar diariamente. Aunque estén cocidas, las ciruelas de este plato también cuentan.

Clafouti de ciruelas rojas

Este popular postre francés, que suele prepararse con cerezas, es como una versión dulce y afrutada del pudín de Yorkshire. Tan solo se utiliza una pequeñísima cantidad de aceite para engrasar la bandeja, de modo que es una alternativa fantástica frente a los bizcochos y las tartas de alto contenido graso.

Aceite para engrasar

500 g de ciruelas rojas, sin hueso y cortadas en cuatro trozos

75 g de azúcar extrafino

La piel rallada y el zumo de ½ naranja pequeña

75 g de harina

3 huevos

1 cucharadita de extracto de vainilla

450 ml de leche semidesnatada

Azúcar glasé tamizado, para decorar

6 bolas de helado de vainilla de grasa reducida, para acompañar

1 Untar ligeramente con aceite un molde metálico cuadrado de 23 cm o una bandeja de 20 x 25 cm. Añadir las ciruelas, rociarlas con el zumo de naranja, espolvorearlas con una cucharada de azúcar y reservar.

2 Mientras tanto, poner en un cuenco el azúcar restante y la harina, agregar los huevos, el extracto de vainilla y la ralladura de naranja y batir hasta que quede una mezcla homogénea. Añadir poco a poco la leche, batiendo hasta obtener una pasta uniforme y espumosa. Dejar reposar durante 30 minutos.

3 Meter las ciruelas en el horno precalentado a 190 ºC durante 10 minutos. Volver a batir ligeramente la pasta y verterla sobre las ciruelas calientes. Meter enseguida de nuevo la bandeja en el horno y cocer durante 30 o 35 minutos, hasta que la masa haya subido y esté dorada. Espolvorear con azúcar glasé tamizado y servir de inmediato con helado de vainilla.

Valores nutricionales
78 kcal
Grasa 0,2 g
Grasas saturadas 0 g
Azúcares 19,7 g
Sal 0 g

Tiempo de preparación
30 minutos más el tiempo de congelación
Tiempo de cocción
10 minutos
Raciones
6

CONSEJO NUTRICIONAL
El granizado no contiene nada de grasa y resulta una alternativa fantástica y más saludable para el corazón que el helado.

Granizado de moras y manzana

El refrescante granizado de fruta es un delicioso y ligero postre veraniego y queda muy bien, si se sirve en copas elegantes con unas cuantas moras por encima. Si quieres darle un toque especial, rocíalo con un poco de vodka o de cassis antes de servirlo.

600 ml de agua

25 g de azúcar extrafino

4 manzanas Royal Gala grandes de unos 650 g en total, sin piel ni pepitas, y cortadas en dados

150 g de moras

1 Verter la mitad del agua en una cazuela, añadir el azúcar y llevar lentamente a ebullición, removiendo hasta que el azúcar se disuelva.

2 Agregar la fruta, tapar y dejar cocer a fuego lento durante 10 minutos, hasta que las manzanas estén tiernas. Dejar enfriar durante 15 minutos.

3 Triturar la fruta hasta obtener una crema uniforme, mezclarla con el agua restante y verterla en una bandeja antiadherente de forma que la preparación alcance unos 2,5 cm de alto. Meter en el congelador durante 1,5 o 2 horas, hasta que esté pastosa.

4 Batir la mezcla con un tenedor para deshacer los trozos grandes de hielo y volver a meterla en el congelador durante 2 horas; batirla cada 30 minutos, hasta que se granice. Ponerla en copas y servirla.

Valores nutricionales
169 kcal
Grasa 0,2 g
Grasas saturadas 0,1 g
Azúcares 39,6 g
Sal 0,2 g

Tiempo de preparación
30 minutos
Tiempo de cocción
52-53 minutos
Raciones
6

CONSEJO NUTRICIONAL
Actualmente puedes encontrar yogur griego desnatado en la mayoría de supermercados. Si no lo encuentras utiliza queso fresco desnatado o yogur natural de bajo contenido graso.

Merengues de jengibre con uvas

Se trata de unas pavlovas individuales espolvoreadas de jengibre escarchado y recubiertas con una compota espesa de uvas rojas. A simple vista puede parecer una pavlova típica, pero lleva yogur desnatado en vez de nata.

2 claras de huevo

100 g de azúcar extrafino, más una cucharada

½ cucharadita de maicena

½ cucharadita de vinagre de vino blanco

½ cucharadita de extracto de vainilla

25 g de jengibre escarchado, cortado fino

300 g de uvas rojas sin pepitas, partidas por la mitad

175 ml de zumo de uva roja

300 g de yogur griego desnatado

1 Forrar una bandeja grande con papel antiadherente. Batir las claras de huevo a punto de nieve. Incorporar poco a poco los 100 g de azúcar, cucharadita a cucharadita; después de añadir todo el azúcar, seguir batiendo durante 1 o 2 minutos hasta que quede una pasta espesa y brillante.

2 Mezclar la maicena, el vinagre y el extracto de vainilla; y agregarlo al merengue. Incorporar el jengibre.

3 Poner seis montoncitos de merengue en la bandeja; extenderlos formando círculos de unos 8 cm de diámetro. Confeccionar un pequeño hoyo en el centro de cada círculo. Hornearlos a 120 ºC durante 45 minutos o hasta que los éstos se separan bien del papel. Dejarlos enfriar sobre el papel.

4 Mientras tanto, poner las uvas, el zumo de uva y 1 cucharada de azúcar en un cazo y cocerlo a fuego lento durante 5 minutos. Escurrir las uvas y hervir el almíbar durante 2 o 3 minutos, hasta que quede reducido a tres cucharadas. Volver a meter las uvas en el cazo y dejar enfriar.

5 Pasar los merengues a los platos. Poner yogur encima y colocar las uvas y el almíbar encima de éste. Consumir dentro de la media hora siguiente a su preparación.

Valores nutricionales
177 kcal
Grasa 0,8 g
Grasas saturadas 0,1 g
Azúcares 16,6 g
Sal 0,3 g

Tiempo de preparación
15 minutos
Tiempo de cocción
Ninguno
Raciones
6

CONSEJO NUTRICIONAL
Este postre contiene poca grasa y es mejor que el pudín tradicional, que se hace con huevos, mantequilla y leche.

Mini púdines veraniegos con vodka

Olvídate de forrar moldes y dejar los ingredientes en remojo durante horas. Esta versión rápida de un postres veraniego lleva un poco de alcohol, puede prepararse en unos minutos y sin duda se convertirá en el toque final perfecto de cualquier cena con amigos.

12 rebanadas de pan integral

500 g de frutos del bosque variados congelados, descongelados

50 g de azúcar extrafino

6 cucharadas de vodka

200 g de queso fresco desnatado

1 Con un cortapastas estriado, sacar un círculo de 7 cm de diámetro de cada rebanada de pan. Descartar el pan sobrante.

2 Verter el zumo de los frutos descongelados en un cuenco poco profundo; mojar los círculos de pan por ambos lados en el zumo. Coger seis platos de postre y colocar un círculo en cada uno.

3 Mezclar la fruta con el azúcar y el vodka. Repartir dos terceras partes de la mezcla entre los seis círculos de pan. Cubrir con los círculos de pan restantes. Consumir dentro de los 30 minutos siguientes a su preparación. En el último momento poner los frutos restantes por encima; servir los púdines con varias cucharadas de queso fresco.

Valores nutricionales
154 kcal
Grasa 6,1 g
Grasas saturadas 0,9 g
Azúcares 17,3 g
Sal 0,1 g

Tiempo de preparación
45 minutos
Tiempo de cocción
15 minutos
Raciones
6

CONSEJO NUTRICIONAL
Estas cazuelitas se hacen con aceite, pero, como son muy finas, se cosideran un sustituto menos graso de la pasta quebrada, y además no notarás una gran diferencia.

Cestitas de macedonia

Si sirves estas exquisitas cazuelitas de estilo francés, tus amigos ni se imaginarán que estás siguiendo un régimen especial.

2 claras de huevo

50 g de azúcar extrafino

3 cucharadas de aceite de girasol

Unas gotas de extracto de vainilla

40 g de harina

1 mango grande

150 g de frambuesas frescas

100 g de arándanos

200 g de yogur griego desnatado

Azúcar glasé tamizado, para decorar

1 Forrar tres bandejas con papel antiadherente. Poner las claras de huevo en un cuenco y batir con un tenedor hasta que estén espumosas, pero todavía transparentes. Añadir el azúcar, el aceite y el extracto de vainilla y mezclar bien.

2 Tamizar la harina sobre el cuenco y remover. Hacer seis montoncitos con la mezcla en cada bandeja; extender los hasta formar círculos de unos 12 cm de diámetro.

3 Meter una de las bandejas en el horno precalentado a 190 ºC durante unos 5 minutos, hasta que los círculos estén ligeramente dorados por el centro y un poco más por los bordes. Sacar del horno y dejar reposar durante 30 segundos. Meter la segunda bandeja en el horno.

4 Desprender los círculos de la bandeja. Rápidamente cubrir una naranja grande con el círculo y apretar los bordes para que queden acanalados. Dejar durante unos minutos y luego retirar la naranja; dar la vuelta a la cazuelita y ponerla sobre una rejilla del horno. Repetir hasta formar seis cazuelitas.

5 Colocar el mango de lado y cortar una rodaja gruesa de cada extremo. Separar la carne del hueso; pelar y cortar la carne en rodajas. Mezclar con los frutos del bosque. Verter en las cazuelitas el yogur y luego la fruta. Pasar a los platos y espolvorear con azúcar glasé. Servir de inmediato.

pasteles y bollos

Valores nutricionales
201 kcal
Grasa 3,1 g
Grasas saturadas 0,9 g
Azúcares 23,9 g
Sal 0,1 g

Tiempo de preparación
30 minutos
Tiempo de cocción
20 minutos
Raciones
8

CONSEJO NUTRICIONAL
La yema de los huevos contiene algo de grasa saturada, pero, comparada con una torta hecha con mantequilla y huevos, este rollo sigue siendo una opción mucho más sana.

Rollo de frutos del bosque

Repostería de la mejor a la vieja usanza: unos pocos ingredientes bien cocinados y servidos sin más. El complemento ideal para una taza de té.

4 huevos

125 g de azúcar extrafino, y un poco más para espolvorear

La piel rallada de un limón

125 g de harina

Relleno:
250 g de queso fresco desnatado

125 g de queso fresco tipo quark

1 cucharada de azúcar extrafino

125 g de arándanos

150 g de frambuesas

1 Forrar la base y los lados de una bandeja de 30 x 23 cm con un solo trozo de papel antiadherente; cortar el papel por las esquinas. Meter en un cuenco los huevos, el azúcar y la ralladura de limón y poner al baño María. Con una batidora eléctrica, batir la mezcla durante 10 minutos, hasta que al levantar las palas de la batidora éstas dejen un rastro en la superficie.

2 Retirar el cuenco del agua, tamizar la harina sobre la superficie y remover ligeramente. Verter la mezcla en la bandeja. Meter en el horno precalentado a 200 ºC durante 8 o 10 minutos, hasta que la parte superior ceda si la aprietas con el dedo.

3 Humedecer un paño de cocina limpio con agua caliente, escurrirlo y luego ponerlo sobre la superficie de trabajo, con uno de los lados cortos mirando hacia ti. Cubrirlo con un trozo de papel antiadherente y espolvorearlo con azúcar. Rápidamente desmoldar la masa sobre el papel, retirar el papel antiadherente que lleva y cubrir con un segundo trozo de papel. Enrollar la masa sin apretar, empezando por el extremo más cercano a ti. Dejarla enfriar un poco envuelta en el papel.

4 Desenrollar la masa y retirar el papel central. Mezclar el queso fresco, el queso quark y el azúcar; untar el bizcocho con dicha mezcla. Echar por encima la fruta, reservando algunas piezas para decorar. Volver a enrollar el bizcocho y pasarlo a una fuente de servir. Decorarlo y servirlo cortado en rodajas gruesas.

Valores nutricionales

117 kcal

Grasa 0,6 g

Grasas saturadas 0,1 g

Azúcares 14,5 g

Sal 0,2 g

Tiempo de preparación

10 minutos

Tiempo de cocción

12 -15 minutos

Raciones

15 pastelitos

CONSEJO NUTRICIONAL

Estos pastelitos llevan queso fresco desnatado en vez de mantequilla, con lo que se reduce su contenido graso pero no su sabor.

Pastelitos de piña y jengibre

Estos pastelitos fáciles y rápidos de hacer, tienen un toque caribeño. Están más ricos si se comen calientes, recién horneados. En lugar de mantequilla llevan queso fresco, un queso suave hecho con leche desnatada cuya textura se parece a la del yogur.

Aceite de girasol, para engrasar

250 g de harina con levadura

75 g de azúcar extrafino

75 g de queso fresco desnatado

1 huevo

227 g de piña de lata con zumo natural, escurrida y troceada

75 g de cerezas escarchadas, cortadas en trozos grandes

4 cucharaditas de jengibre escarchado picado

2 cucharadas de azúcar moreno extrafino, para decorar

1 Con un cepillo untar 2 bandejas de horno grandes ligeramente con un poco de aceite de girasol. Meter en un cuenco la harina, el azúcar, el queso fresco y el huevo; añadir la piña, las cerezas y el jengibre y mezclar un poco con un tenedor.

2 Hacer 15 montoncitos en cada bandeja, espolvorearlos con el azúcar moreno o extrafino y meterlos en el horno precalentado a 190 ºC durante 12 o 15 minutos, hasta que se doren. Dejarlo enfriar ligeramente y luego pasarlos a los platos. Es mejor comer estos pastelitos el mismo día de su preparación.

Valores nutricionales
176 kcal
Grasa 11 g
Grasas saturadas 1,4 g
Azúcares 7,8 g
Sal 0,1 g

Tiempo de preparación
10 minutos
Tiempo de cocción
20 minutos
Raciones
10 barritas

CONSEJO NUTRICIONAL
Los copos de avena son una rica fuente de fibra soluble, que, según los estudios, ayudan a disminuir ligeramente el nivel de colesterol.

Barritas de frutos secos y semillas

Estas saludables barritas, fáciles y rápidas de preparar, son un complemento ideal si te llevas la comida al trabajo y, a diferencia de las que se compran ya preparadas, no contienen aditivos y llevan mucho menos azúcar.

4 cucharadas de aceite de oliva

50 g de azúcar mascabado claro

175 g de plátano, pesado con piel

50 g de frutos secos variados, tales como avellanas, pacanas y almendras enteras

2 cucharadas de pipas de girasol

2 cucharadas de pipas de calabaza

100 g de copos de avena

1 Forrar la base y los lados de una bandeja cuadrada de 18 cm poco profunda con un trozo de papel antiadherente; cortarlo por las esquinas. El papel debe sobresalir un poco por los lados de la bandeja. Meter en una cazuela el aceite y el azúcar y calentar a fuego lento hasta que el azúcar se derrita.

2 Pelar y machacar el plátano e incorporarlo a la mezcla de aceite junto a los otros ingredientes.

3 Verter la mezcla en la bandeja y presionarla para que quede una capa uniforme. Meterla en el horno precalentado a 180 ºC durante unos 20 minutos, hasta que esté bien dorada. Dejarla enfriar y endurecer en la bandeja.

4 Retirar la masa de la bandeja tirando del papel. Pasarla a una tabla de cortar y cortarla en barritas, retirando el papel a medida que se corta. Guardar las barritas en un recipiente hermético un máximo de 3 días.

Valores nutricionales
58 kcal
Grasa 2,8 g
Grasas saturadas 0,2 g
Azúcares 7,2 g
Sal 0 g

Tiempo de preparación
15 minutos
Tiempo de cocción
15 minutos
Raciones
26 galletas

CONSEJO NUTRICIONAL
Estas galletitas son dulces, pero mantienen el corazón sano porque no llevan mantequilla ni yema de huevo, dos alimentos que contienen grasa y grasas saturadas.

Galletas de avellana

Estas exquisitas galletas son una delicia si se sirven con tazas humeantes de café solo o capuchino rebosante de espuma; también las puedes tomar con un granizado de moras y manzana (véase página 110).

100 g de avellanas

25 g de azúcar glasé

150 g de azúcar extrafino

4 cucharaditas de arroz triturado

2 claras de huevo

13 avellanas enteras para decorar

1 Forrar 2 bandejas de horno grandes con papel de arroz, con el lado brillante mirando hacia arriba. Con un robot de cocina o batidora triturar las avellanas, o picarlas muy finas con un cuchillo.

2 Meter en un cuenco las avellanas trituradas, el azúcar glasé, el azúcar extrafino y el arroz triturado; mezclar con las claras de huevo.

3 Con una manga de cocina o una cuchara formar montoncitos de la mezcla en las bandejas, dejando espacio suficiente entre ellos. Colocar media avellana en el centro de cada montoncito.

4 Meter en el horno precalentado a 160 ºC durante unos 15 minutos, hasta que los montoncitos estén ligeramente dorados. Dejarlos enfriar y luego retirar el papel de alrededor de las galletas y tirarlo. Servir las galletas enseguida mientras están crujientes, o guardarlas hasta el día siguiente en una caja para que el centro esté más blando y masticable.

Valores nutricionales
212 kcal
Grasa 1,5 g
Grasas saturadas 0,4 g
Azúcares 29,9 g
Sal 0,4 g
Fibra

Tiempo de preparación
20 minutos, más el tiempo que se deja en remojo
Tiempo de cocción
50-60 minutos
Raciones
10 porciones

CONSEJO NUTRICIONAL
Este bizcocho queda esponjoso, dulce y sabroso gracias al plátano machacado, de modo que no es necesario añadirle mantequilla ni una gran cantidad de azúcar.

Bizcocho de plátano

Esta bizcocho de fruta no lleva nada de grasa añadida, tan solo la poca que contienen los huevos. Se confecciona remojando los frutos secos en té caliente y mezclándolos con los plátanos machacados, para que resulte especialmente esponjoso y dulce.

250 g de frutos secos selectos

250 ml de té negro caliente

La piel rallada de una naranja

175 g de plátanos, pesados con la piel

100 g de azúcar mascabado claro

250 g de harina con levadura

1 cucharadita de levadura en polvo

1 cucharadita de canela en polvo

2 huevos, batidos

1 Meter la fruta en un cuenco grande con el té caliente y la ralladura de naranja y dejarla en remojo durante 4 horas. Forrar la base y los lados de un molde desmontable de 20 cm de diametro con papel antiadherente o encerado. Si usas papel encerado, untar ligeramente el papel con un poco de aceite.

2 Pelar y machacar el plátano y añadirlo a los frutos secos junto con el azúcar, la harina, la levadura y la canela. Agregar los huevos y mezclar bien.

3 Pasar la mezcla al molde, extenderla para que quede uniforme y meterla en el horno precalentado a 160 ºC durante 50 o 60 minutos o hasta que esté bien dorada, haya subido, se haya agrietado por la parte superior y al clavar un palillo en el centro del bizcocho éste salga limpio.

4 Dejar enfriar el bizcocho durante 10 minutos, sacarlo del molde, pasarlo a una rejilla de horno y retirar el papel. Dejarlo enfriar por completo y luego cortarlo en porciones. Guardarlo en un recipiente hermético un máximo de tres días.

índice

agradecimientos

Para más información sobre la hipercolesterolemia familiar contacte con la Fundación Hipercolesterolemia Familiar, a través de su página web www.colesterolfamiliar.com o con el Ministerio de Sanidad y Consumo, www.msc.es

Editora ejecutiva Nicola Hill
Editora Lisa John
Directora creativa Karen Sawyer
Diseño Beverly Price, www.one2six.com
Fotografías William Lingwood
Estilismo Sara Lewis
Atrezzo Liz Hippisley
Búsqueda de imágenes Jennifer Veall
Control de producción Nigel Reed

créditos de imágenes

Fotografía especial:
© Octopus Publishing Group Limited/William Lingwood.

Resto de las fotos:
Octopus Publishing Group Limited 22, 23, 27, 14; /Stephen Conroy 16; /Sandra Lane 25, 33; /William Lingwood 25, 26, 27; /Lis Parsons 25; /Mike Prior 28; /William Reavell 23; /Craig Robertson 35; /Gareth Sambridge 16, 18.
Shutterstock 16; /HD Connely 10; /Paul Reid 29.